"十四五"职业教育国家规划教材

汽车维护

（第4版）

王德平　姚秀驰　主　编
石光成　罗国志　侯　勇　副主编

人民交通出版社

北京

内 容 提 要

本教材是"十四五"职业教育国家规划教材。其主要内容包括：汽车售前维护、汽车维护分级项目与技术要求、汽车二级维护、汽车四轮定位实训操作。

本教材为职业院校汽车类专业教材，也可供汽车维修及相关技术人员参考阅读。

＊为便于教学，本教材配套多媒体教学课件，任课老师可通过加入"QQ 群（教师专用）：111799784"获取。

图书在版编目（CIP）数据

汽车维护/王德平，姚秀驰主编. —4 版. —北京：
人民交通出版社股份有限公司，2025.5. —ISBN 978-7-
114-19661-4

Ⅰ．U472.4

中国国家版本馆 CIP 数据核字第 2024EW6494 号

"十四五"职业教育国家规划教材
Qiche Weihu

书　　　名：	汽车维护（第 4 版）
著 作 者：	王德平　姚秀驰
责任编辑：	李佳蔚
责任校对：	龙　雪
责任印制：	张　凯
出版发行：	人民交通出版社
地　　　址：	（100011）北京市朝阳区安定门外外馆斜街 3 号
网　　　址：	http://www.ccpcl.com.cn
销售电话：	（010）85285911
总 经 销：	人民交通出版社发行部
经　　　销：	各地新华书店
印　　　刷：	北京市密东印刷有限公司
开　　　本：	880×1230　1/16
印　　　张：	10
字　　　数：	231 千
版　　　次：	2011 年 2 月　第 1 版
	2013 年 6 月　第 2 版
	2019 年 7 月　第 3 版
	2025 年 5 月　第 4 版
印　　　次：	2025 年 5 月　第 4 版　第 1 次印刷　总第 10 次印刷
书　　　号：	ISBN 978-7-114-19661-4
定　　　价：	36.00 元

（有印刷、装订质量问题的图书，由本社负责调换）

本书自 2011 年首次出版以来,多次重印,被全国多所职业院校选为教学用书,受到广大师生好评。本书第 3 版于 2019 年 7 月出版,被评为"十四五"职业教育国家规划教材。

为了体现现代职业教育新理念,贴近汽车运用与维修专业实际教学目标,促进"教、学、做"更好地结合,突出对学生技能的培养,使之成为技能型人才,根据教育部相关要求,对本书第 3 版进行修订。

在本书第 3 版的基础上,《汽车维护(第 4 版)》做了以下更新:

(1)将各学习任务的学习目标细化为知识目标、技能目标和素养目标;

(2)在各学习任务的"四、评价与反馈"前增加延伸阅读;

(3)对"学习任务一 汽车售前服务"和"学习任务三 汽车二级维护"中的车型进行更新,使用国产品牌汽车,并更新相关内容;

(4)适当增加二维码链接的数字资源。

本书由贵阳市交通(技工)学校王德平、姚秀驰担任主编;由重庆巴南职业教育中心石光成,贵阳市交通(技工)学校罗国志、侯勇担任副主编;贵阳市交通(技工)学校张剑虹、程砚石、吴峰、王建、李学友、舒周参加编写。

本书在修订过程中,得到了多家汽车维修企业和许多专业管理与技术人士的大力支持与帮助,在此表示感谢!

由于编者水平所限,书中难免有疏漏和错误之处,恳请广大读者提出宝贵建议,以便进一步修改和完善。

编 者
2025 年 1 月

Contents 目录

学习任务一
汽车售前维护

📊 学习目标

知识目标

1.清楚汽车售前维护的主要检查项目；

2.掌握汽车售前维护的技术要求。

技能目标

1.熟悉新车状态的验证；

2.熟练新车技术状况的检验操作。

素养目标

培养工作中的团队协作能力,深化集体主义思想。

🕐 建议学时:20 学时

📖 任务描述

张老师预订了一辆2022年款长城哈弗汽车。在新车交付之前,售后人员需要对出厂车辆进行一次全面的检查确认才能交车。请您对张老师的新轿车进行一次完整的售前维护。

一、理论知识准备

在我国,按照《汽车维护、检测、诊断技术规范》(GB/T 18344—2016),汽车维护分为日常维护、一级维护和二级维护。根据售后服务实践经验,本书按照汽车售后维护顺序与其生命周期的特点,增加售前维护作业项目并作为第一个学习任务,供师生参考。

根据售前维护的特点,本任务介绍商品车售前维护作业项目与技术要求和维护内容的具体操作。售前维护作业项目与技术要求以表格的形式呈现,维护内容的具体操作以工作过程的形式呈现。

汽车售前维护作业项目与要求具体内容如下。

新车销售前,车辆销售商应将车辆置于最佳状态,保证购车用户提车后可以立即使用。所以,在新车交付前,需要进行交车前检验(Pre Delivery Inspection, PDI),也称为汽车售前维护。

新车交付前的 PDI 作业项目及技术要求见表1-1。

PDI 作业项目及技术要求 表 1-1

序号	作业项目	作业内容	技术要求
1	汽车铭牌查验	查找车辆铭牌和车辆识别号	参照《维修手册》中指示位置查找
2		识别车辆铭牌	符合《道路车辆　标牌和标签》(GB/T 25978—2018)规定
3		识别车辆识别代号(VIN)	车辆识别代号符合 SAE 标准(VIN 由 3 部分共 17 位字码组成)
4		查对车辆规格,包括车辆尺寸、性能及其他信息	核对以下性能参数:发动机排量、压缩比、最高速度、燃油消耗率
5		将查到的 VIN 码、检验人姓名、日期等信息填写在检验单上	信息填写准确、完整
6	汽车外部检查	清洗车辆	手洗,切勿划伤车身、座椅
7		检查车身外观	环绕汽车一周,仔细查看全车外观应完好无损
8		检查车门、车窗玻璃升降的状况	车门完整、前后风窗玻璃无损伤;车门开关灵活、安全、可靠;车窗玻璃操纵机构工作正常
9		检查行李舱	行李舱门开关正常,螺母和螺栓无松动
10		检查燃油箱加注口盖	油箱盖锁工作正常,油箱盖无变形和损坏
11		检查后门儿童锁	儿童锁锁止功能正常
12		检查轮胎状况	所有轮胎气压正常,气门嘴帽完好,备胎固定牢靠
13		检查标志与装饰条	各标志、装饰条完好且安装牢靠
14		检查车外灯光	所有灯光工作正常,测试转向灯、危险报警闪光灯应闪烁
15		检查喇叭	喇叭高低音工作正常
16		检查刮水器	刮水器各挡位工作正常
17		检查后窗除雾器及点烟器	后窗除雾器及点烟器工作正常
18		检查千斤顶及随车工具的固定情况	千斤顶及随车工具固定牢靠
19	汽车内部检查	检查座椅	座椅清洁、完整,座椅各方向调节功能正常
20		检查安全带	安全带固定可靠、功能有效
21		检查车内灯工作情况	车内阅读灯、化妆镜灯、门灯工作正常
22		检查内外后视镜	内外后视镜完好,调节功能正常
23		检查转向盘	用手晃动转向盘,上下不应有间隙,转向盘角度及高度调节功能正常

序号	作业项目	作业内容	技术要求
24	汽车发动机舱检查	检查蓄电池状况	蓄电池端子紧固牢靠,蓄电池电压正常
25		检查发动机舱内各液位	机油、制动液、冷却液液位正常,动力转向液液位符合规定
26		检查发动机皮带	皮带无裂痕、无过量磨损,松紧度符合规定
27		检查发动机水管	水管无裂痕、无老化、无损坏
28	汽车车底检查	检查制动系统管路	制动系统管路无泄露、无损坏
29		检查燃油系统管路	燃油系统管路无泄漏、无损坏,安装无松动
30		检查变速器各部位是否漏油	变速器各结合面无泄漏
31		检查传动轴护套	传动轴护套无裂纹、无损坏、无泄漏
32		检查转向系统	转向连接机构无弯曲、无损坏、无松动
33		检查减振器状况	减振器减振性能良好
34	汽车路试检查	起动发动机,检查组合仪表工作状况	起动时转速表指针应指到 1500r/min 的位置左右,然后正常平顺地滑落至 750r/min 的位置,各种仪表及报警装置工作正常
35		检查制动踏板的高度及自由行程	不起动发动机,踩下制动踏板不放,其应保持一定高度
36		检查车辆换挡杆工作情况	起动发动机,踩下制动踏板不放,各挡位更换正常
37		检查发动机工作情况	在发动机怠速的情况下,发动机声音平稳且连续
38		检查汽车的行驶及操纵性能	汽车加速动力正常,直线行驶方向不跑偏
39		检查空调及暖风工作情况	空调制冷、制热各挡位工作正常
40		检查是否存在异常噪声与振动	换挡杆位于 P 挡位置,车辆无杂音和共振
41	收尾工作	清点随车工具和附件是否齐全	千斤顶、工具包等随车工具和附件齐全
42		检查交付客户的所有相关资料是否齐全	发票、出厂合格证、保险单、保修单、说明书、使用手册、维修手册等齐全

二、实践操作

(一) 实训准备

(1)准备一台实训车辆,并将车辆停放在整洁、安全、有序的检测区域。

(2)准备车内防护三件套、车外防护三件套、手电筒、抹布、手套等外观目视检查时需要的物品。

(3)准备万用表、胎压表、扭力扳手及套筒等工量具。

(4)准备作业记录单、记录板和记录笔等。

(二) 注意事项

(1)不同车型和不同发动机电子控制系统,其零部件型号和安装位置不尽相同,需视具体车型或发动机系统调整部件检查的方法、步骤。

（2）在对车辆进行检查操作之前，确认拉紧驻车制动杆、确认换挡杆处于空挡或 P 挡位置，确保安全；车内需安装座椅套、转向盘套和地板垫，以保持车内干净整洁；对发动机舱内进行检查操作前，需安装好左右翼子板布、前格栅布，以保护车辆漆面。上述操作既能保证操作安全，又能体现爱护客户车辆的服务意识。

（三）实训操作

新车交车检验的内容有：验证车辆状态、恢复新车正常工作状态、检验车辆技术状况。

❶ 验证车辆状态

车辆由制造厂发往经销商的运输过程中可能出现损伤。车辆到达经销商处后，经销商要对车辆状态进行验证，检点随车资料及物品，以保证车辆状态正常、资料物品齐全。

（1）验证车辆运输状况。

车辆运输状况主要包括发车地点、运输车辆车牌号、驾驶员姓名及联系电话、装运车辆数量、运输公司等。

经验收人员验收后，再编写入库编码，将车辆运输状况及入库编码记录在车辆入库检验单上。

（2）车辆信息查对。

车辆信息主要包括车辆品牌、车型、规格、颜色、VIN 码、发动机号码等信息。

● 学习提示

车辆识别代号（VIN 码）中包含很多车辆信息，其具体含义如图 1-1 所示。

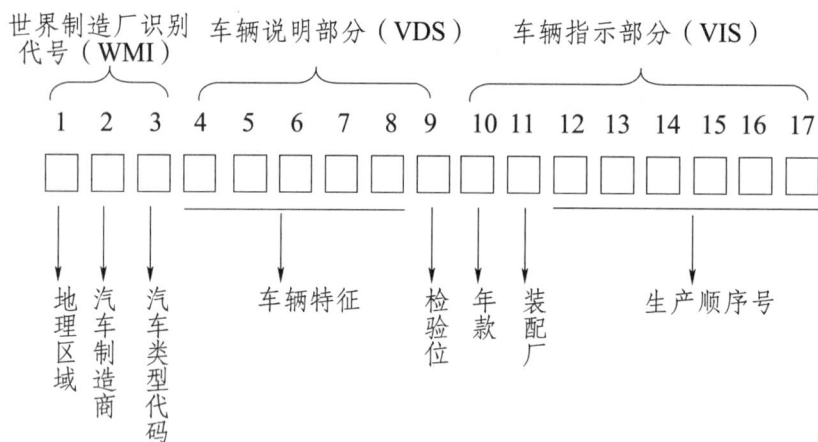

图 1-1　VIN 码含义

17 位的 VIN 码分为三部分：

第 1~3 位是世界制造厂识别代号（WMI）：表明车辆是由谁生产的。

第 4~8 位是车辆说明部分（VDS）：表明车辆特征，说明车辆的种类、系列、车身类型、发动机类型等，这部分代码通常由制造商决定。

第 9 位是车辆检验位：在该位置填入 1 个用来表示 VIN 码书写准确性的"检验数字"（1 个数字或 1 个字母"X"），对 VIN 码中的其他位进行一系列计算后即可获得正确的校验位。

第 10 位代表车型年款。

第 11 位代表装配厂或厂址代码。

第 12 ～ 第 17 位代表生产序列号。每个制造商都采用不同的代码方式,而同一个工厂生产的每辆车都采用自己的生产序列号,因此每辆车都具有唯一的 VIN 码。

（3）随车物品的清点、检查。

随车物品一般包括使用手册、维修手册、备胎、钥匙、工具包、点烟器等。

（4）车辆手续资料检验。

货物进口证明书（进口车）、进口车辆随车检验单（进口车）、车辆安全性能检验证书、拓印（车辆铭牌、发动机号、车架号等的拓印）、运单、新车检查单等。

（5）检验后的确认。

验收人员对以上项目仔细检查,确定有无以及是否正确,如发现问题,需在新车入库检验单中标记,记录发现的问题并提出处理意见,见表 1-2。此项工作中,工作人员应具备强烈的责任意识。

新车入库检验单　　　　表 1-2

车辆品牌		车辆型号		车辆识别代号		颜色	
行驶里程		入库日期		入库编码		入库数量	
运输车辆车牌号		驾驶员姓名		驾驶员电话		运输公司	

随车物品清点				手续资料			
物品名称	数量	验收数	备注	资料名称	数量	验收数	备注
使用手册	1			货物进口证明书（如需）	1		
维修手册	1			车辆安全性能检验证书	1		
服务网通信录	1			拓印	3		
备胎	1			车辆合格证书	1		
千斤顶	1			车辆环保信息随车清单	1		
钥匙	2			车辆一致性证书	1		
工具包	1			车辆随车检验单	1		
点烟器	1						

验收人员签字：＿＿＿＿＿＿＿

❷ 恢复新车正常工作状态

在进行 PDI 作业时,车辆必须恢复正常的工作状态,发挥汽车的正常功能,避免用户在使用中出现意外事故。新车在出厂前,已将可能会在运输中损坏的一些零部件拆除,另行包装,以保证车辆完好;另外还对一些需要保护的部位加装了保护装置,这些都需要在进行 PDI 作业时进行恢复。

（1）安装熔断器及短路销。为了防止在运输中有电流通过,厂家已将顶灯熔断器、音响熔断器或短路销拆下放在继电器盒内,因此,进行 PDI 作业时,首先应将顶灯熔断器、音响熔断器或短路销安装到相应位置。

（2）安装汽车厂提供的零部件。厂家对外后视镜等汽车外部凸出部分零部件单独包装,以防运输途中损坏。一般有以下零部件需要安装:后视镜、备用轮固定架托座、前阻扰流板盖和轮毂盖等。

（3）从制动器盘上拆下防锈罩。取下防锈罩时一定要用手操作,切忌使用螺钉旋具或其他工具,以防损坏车轮或制动盘。如果制动器上装有防尘罩,一般在前窗上贴有警告标志,如图 1-2 所示。

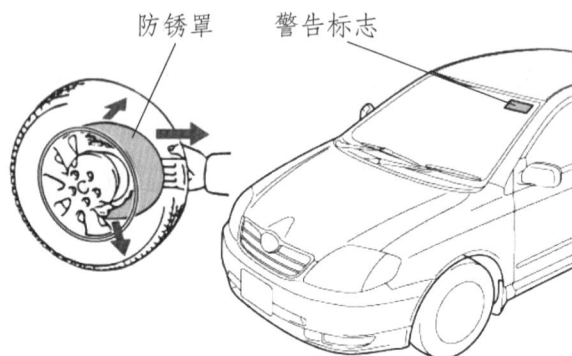

图 1-2　从制动器盘上拆下防锈罩

（4）安装橡胶车身塞。如图 1-3 所示,橡胶车身塞装在车身上相应部件的孔上。注意:橡胶车身塞一般在手套箱中。

（5）取下前弹簧隔圈。如图 1-4 所示,用举升器将车辆顶起,从前悬架上取下前弹簧隔圈。注意:没有装前弹簧隔圈的车辆不进行此项工作。

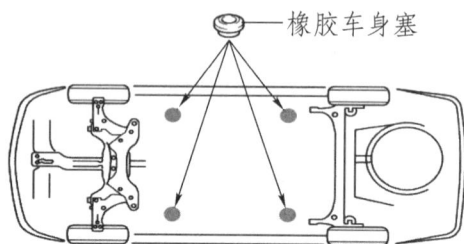

图 1-3　安装橡胶车身塞　　　　图 1-4　取下前弹簧隔圈

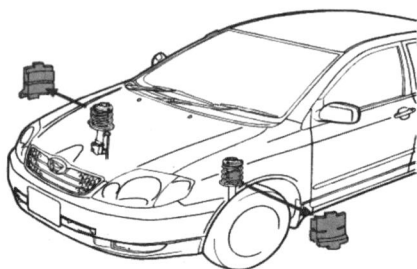

（6）取下紧急拖车环。从保险杠上取下紧急拖车环,然后在紧急拖车环的孔上加盖。注意:紧急拖车环孔盖在手套箱中,取下的紧急拖车环放在工具袋中。没有装紧急拖车环的车辆不进行此项工作。

（7）除去不必要的标志、标签、贴纸及保护盖。交用户前取下相应保护盖,除去标志、标签、贴纸等。注意:勿用尖锐物体(如刀等)拆除保护盖,以免损坏装饰条及座椅。

（8）取掉车身保护膜。先冲洗汽车,除去运输过程中积下的砂石、尘土,再剥离车身上的保护膜并将车身擦拭干净,最后检查车身在油漆表面上是否有黏性残留物或凸出物。

小提示

只能用手剥离保护膜。为了防止刮坏车漆或压凹车身,勿将肘部或手放在车上。

❸ 检验新车技术状况

1) 新车技术状况检验的意义

为了保证即将交付给顾客的新车状况及性能良好,保证各部件和机械运转正常,使顾客满意,销售商需认真细致地验收将要交付的新车,及早发现隐藏的质量缺陷,避免日后返修。其内容包括检验前的准备工作、外部检查、发动机舱内检查、车辆底部检查、路试检查、最终检查等。

2) 新车技术状况检验的实训操作

> ●学习提示
>
> 以下新车技术状况的检验以长城哈弗汽车为例,按照单工位、单人作业的实训教学方法进行编写,每个操作项目后面备有检查结果要求,符合条件(正常)的在前面的"□"内打"√",不符合条件(不正常)的在前面的"□"内打"×",留有空格的地方请按实际检查结果填写。
>
> ●操作防护提示:检验新车技术状况的注意事项
>
> 为了保证PDI作业的顺利完成,避免将汽车擦伤,须注意以下事项。
>
> ①双手保持干净,不留长指甲。
>
> ②制服整洁合身,不能带纽扣和拉扣,鞋子不能沾有泥土。
>
> ③衣服口袋内不能放任何工具和硬物。
>
> ④身上不能携带钥匙链,不能戴手表、戒指、手链、项链等饰物(良好的职业形象能助力个人与企业的不断成长)。

(1) 查验汽车铭牌、规格。

所需工具:记录板夹、手电筒。

所需材料:新车交接检验记录单(PDI作业检查单)、车辆使用说明书。

作业内容:查找车辆铭牌和VIN码,校对车辆规格,包括车辆尺寸、性能及其他信息,将查到的VIN码、检验人姓名、日期等信息填写在检验单上。

> 🔍 **操作目的**
>
> 查找车辆铭牌,从而获取车辆规格信息。

标准与结果记录:

车辆品牌_____型号_____

VIN码_____

制造日期_____ 最大允许总质量_____kg 乘坐人数_____人

发动机型号_____ 发动机最大净功率_____kW 排量_____mL

□已完成车辆信息查对 □已完成车辆信息在检验单上的填写

> 📖 **小提示**
>
> 车辆铭牌位置可参照车辆使用说明书中指示位置查找,一般在发动机舱、车门立柱下方等处。本实训汽车的铭牌位于汽车副驾驶座车门B立柱下方,如图1-5所示。

（2）汽车外观检查。

所需工具：记录板夹。

所需材料：新车交接检验记录单（PDI作业检查单）。

①作业内容：清洗车辆。

📄 **操作目的**

保持车辆清洁，以便对车辆外观进行检查。

标准与结果记录：

□已完成车辆清洗

②作业内容：车辆外观检查。

检查方法：环绕汽车一周（图1-6），仔细查看油漆颜色、全车颜色是否一致。车身表面有无划痕、掉漆、开裂或锈蚀，用手摸一摸有无修补痕迹。

标准与结果记录：

□全车颜色一致　　□车身无划痕　　□车身无掉漆

□车身无开裂　　□车身无锈蚀　　□车身无修补痕迹

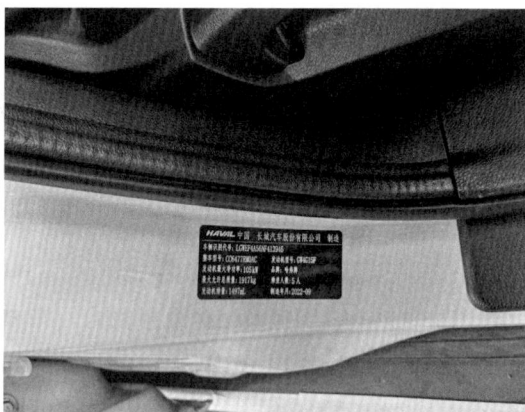

图1-5　汽车铭牌　　　　　图1-6　车辆外观检查

具体外观异常位置请在检验单上标记出来，如图1-7所示。

图1-7　车辆损毁标记

（3）车辆内部防护。

所需材料：车内防护三件套。

📄 **操作目的**

为了避免在后续操作时弄脏车辆，在对车辆操作前必须安装地板垫、座椅套、转向盘套，达到保护客户车辆的目的，如图1-8所示。

标准与结果记录：

□安装地板垫　□安装座椅套　□安装转向盘套

（4）安全检查。

操作目的

确保操作过程的安全。

作业内容：确认电子驻车制动系统启动、挡位处于P挡位置，如图1-9所示。

图1-8　车内三件套安装

图1-9　安全检查

标准与结果记录：

□电子驻车制动已启动　　　□挡位处于P挡位置

（5）发动机舱检查。

所需工具：记录板夹、手电筒、万用表。

所需材料：新车交接检验记录单（PDI作业检查单）、车外防护三件套、棉手套。

①作业内容：检查、支撑发动机舱盖，并安装车外防护三件套。

a.拉起发动机舱盖释放杆，如图1-10所示。

操作目的

释放发动机舱盖第一道锁。

标准与结果记录：

□已拉起发动机舱盖释放杆

b.检查发动机舱盖第二道锁，并打开发动机舱盖，进行安全防护。

检查方法：上抬发动机舱盖，观察能否打开；打开发动机舱盖第二道锁后，打开发动机舱盖，如图1-11、图1-12所示。

标准与结果记录：

□发动机舱盖第二道锁锁止正常　　　□已拉起并稳固支撑发动机舱盖

c.安装车外防护三件套，如图1-13所示。

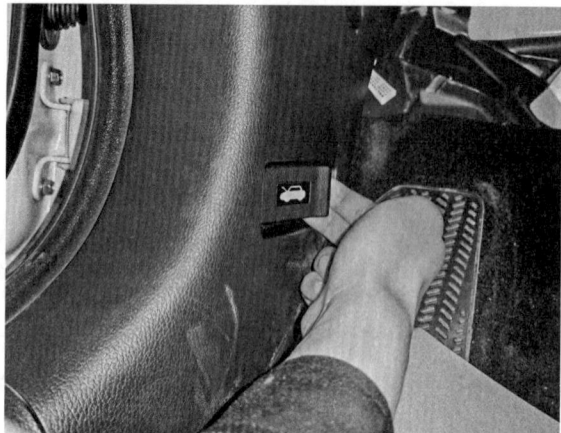

图1-10　拉起发动机舱盖释放杆

图1-11　检查并释放发动机舱盖第二道锁

图1-12　打开发动机舱盖并可靠支撑

图1-13　安装车外防护三件套

操作目的

防止车灯及漆面被油液腐蚀或硬物划伤。

标准与结果记录:

□已安装左、右翼子板布　　□已安装前格栅布

②作业内容:检查发动机机油液位。

检查方法:先将机油尺抽出并清洁,然后插入机油导管内(插到底),等待几秒后慢慢抽出,将机油尺倾斜一定角度(约45°),目视检查机油液位是否处于最佳位置,最佳位置在机油尺上下刻度3/4处,如图1-14所示。

标准与结果记录:

发动机机油液位处于机油尺上下刻度_____处

□机油液位正常

③作业内容:检查发动机冷却液液位及有无泄漏情况。

检查方法:目视检查发动机冷却液储液罐内的液位高度,观察其是否在上下刻度线之间,如图1-15所示。

图 1-14　检查发动机机油液位　　　　图 1-15　检查发动机冷却液液位

标准与结果记录:

发动机冷却液液位处于_____,标准位置在 MAX(上限)与 MIN(下限)之间

□冷却液液位正常　　　□冷却液无泄漏

④作业内容:检查转向助力油液位及有无泄漏情况。

检查方法:目视检查转向助力油储液罐内的液位高度,观察其是否在上下刻度线之间,如图 1-16 所示。

标准与结果记录:

转向助力油液位处于_____,标准位置在 MAX 与 MIN 之间

□转向助力油液位正常　　　□转向助力油无泄漏

⑤作业内容:检查喷洗液液位及有无泄漏情况。

检查方法:目视检查喷洗液液位能否用手电筒看到,观察喷水器水壶有无泄漏,如图 1-17 所示。

图 1-16　检查转向助力油液位　　　　图 1-17　检查喷洗液液位

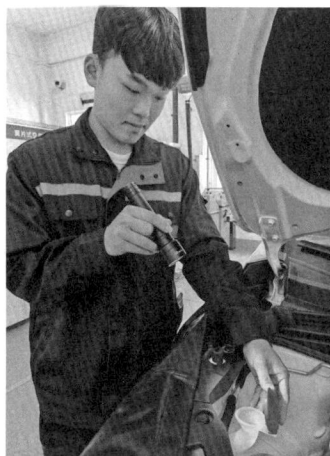

标准与结果记录:

喷洗液液位_____(能/否)看到

□喷洗液液位正常　　　□喷洗液无泄漏

⑥作业内容:检查制动液液位及有无泄漏情况。

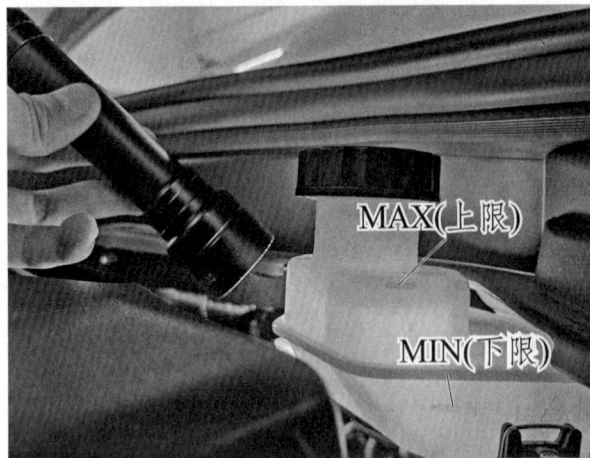

图 1-18　检查制动液液位

检查方法:目视检查制动液储液罐内液位高度是否在上下刻度线之间,标准位置在MAX(上限)与 MIN(下限)之间,如图 1-18 所示。

标准与结果记录:

制动液液位处于 MAX(上限)与 MIN(下限)＿＿＿＿处

□制动液液位正常　　□制动液无泄漏

⑦作业内容:检查蓄电池。

a.检查蓄电池端子导线是否松动。

检查方法:适当用力分别拉动正、负极端子导线感觉是否有松动。

标准与结果记录:

□电池端子导线无松动

b.检查电解液有无泄漏。

检查方法:目视检查蓄电池周围有无电解液泄漏。

标准与结果记录:

□蓄电池电解液无泄漏

小提示

对于免维护型蓄电池,可通过蓄电池上的观察孔检查蓄电池使用状况:

绿(蓝)色——正常;黑色——需充电;白色——电解液液位不足,需更换。

---

c.测量蓄电池电压。

测量方法:

Ⅰ.转动万用表旋钮开关至蜂鸣挡,红黑表笔接触来校零万用表,如万用表不准,需及时更换;

Ⅱ.转动万用表旋钮开关至直流电压"20V"挡位;

Ⅲ.将万用表按照"红正黑负"分别接入蓄电池"＋"和"－"两端测量蓄电池电压,如图 1-19 所示。

标准与结果记录:

蓄电池电压为＿＿＿＿V

□正常

检查蓄电池电压

⑧作业内容:检查发动机传动皮带。

a.检查发动机传动皮带是否变形和损坏(磨损、裂纹、脱层或其他损坏)。

检查方法:目视检查传动皮带整个外围是否有变形、磨损、层离和其他损坏,如图 1-20 所示。

标准与结果记录:

□无变形　　　□无损坏　　　□无裂纹和脱层

图 1-19　测量蓄电池电压　　　　图 1-20　检查发动机传动皮带

小提示

如果无法检查传动皮带整个外围,则通过根据发动机转动方向转动曲轴带轮来进行全方位检查。

b. 检查发动机传动皮带安装状况。

检查方法:戴上棉手套,使用工作灯,目视检查传动皮带是否正确安装在各带轮槽内。

标准与结果记录:

□传动皮带安装正常

⑨作业内容:检查发动机舱内冷却液软管有无裂纹、老化、损坏和泄漏。

检查方法:戴上棉手套,使用工作灯目视检查冷却液软管有无裂纹、老化、损坏和泄漏,如图 1-21 所示。

标准与结果记录:

□无裂纹　　　□无损坏　　　□无泄漏　　　□无老化

(6)汽车内部及灯光检查。

所需工具:记录板夹。

所需材料:新车交接检验记录单(PDI 检查单)、棉手套。

①作业内容:检查汽车天窗的工作情况。

检查方法:按下汽车天窗开关,观察天窗开关的工作情况,如图 1-22 所示。

标准与结果记录:

□天窗开关工作正常

②作业内容:检查车内阅读灯工作情况。

检查方法:打开车内阅读灯开关,观察灯的工作情况,如图 1-23、图 1-24 所示。

标准与结果记录:

□车内阅读灯工作正常

图 1-21　检查冷却液软管

图 1-22　检查汽车天窗

图 1-23　检查车内阅读灯

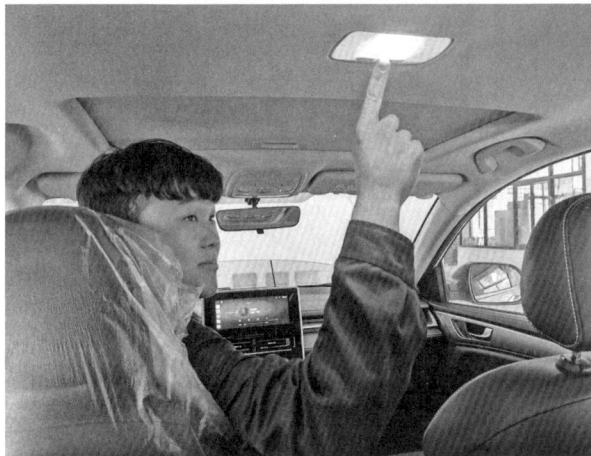

图 1-24　检查后阅读灯

③作业内容:检查转向盘的松弛和摆动。

检查方法:双手紧握转向盘,依次轴向地、垂直地或向两侧推拉转向盘,感觉转向盘是否松弛和摆动,如图 1-25 所示。

标准与结果记录:

□转向盘无松弛和摆动情况

🔊 小提示

　　对于配备转向盘倾斜或伸缩功能的汽车,可将转向盘调整至任一位置并锁定,再检查松动情况。

④作业内容:检查喇叭工作情况。

检查方法:按下转向盘上的喇叭垫(开关),耳听喇叭是否鸣响,音调、音量是否稳定,松开喇叭垫,响声是否停止,如图 1-25 所示。

检查喇叭工作情况

标准与结果记录:

□喇叭垫(开关)工作正常　　　□喇叭响声正常

⑤作业内容:检查并记录汽车燃油量。

检查方法:将点火开关置于 ON 挡位置,目视汽车组合仪表内燃油量表指示位置并划线标注在图 1-26 相应位置。

图 1-25 检查转向盘及喇叭

图 1-26 燃油量记录

标准与结果记录:

⑥作业内容:检查组合仪表工作状况。

检查方法:起动发动机,在冷起动时注意转速表指针的变化。正常情况下指针应指到 1500r/min 左右,然后正常平顺地滑落至 750r/min。然后观察各种仪表及报警装置工作是否正常,如图 1-27 所示。

标准与结果记录:

□转速表指针变化正常   □各仪表及报警装置工作正常

⑦作业内容:检查发动机工作情况。

检查方法:起动发动机,在发动机怠速的情况下,发动机声音应该是平稳而且连续的,不应该有金属敲击声和其他异响;下车观察排气管排气是否正常,将手伸到排气口感觉一下排气是否连续,正常情况下,应该使掌心有点潮湿但不应有机油味。

图 1-27 检查组合仪表工作状况

标准与结果记录:

□发动机声音正常   □排气管排气正常

⑧作业内容:检查音响工作情况。

检查方法:起动发动机后,通过屏幕图标,选择收音机调频播放,调节收音机选频按钮,旋转音量按钮调节音量,倾听音响工作情况,如图 1-28 所示。

标准与结果记录:

□音响工作正常

⑨作业内容:检查空调系统工作情况。

检查方法:起动发动机后,将鼓风机风速调至最大,空调温度调至最低,打开空调 A/C 制冷开关,调节空调出风分别至 ▨ ▨ ▨ ▨ 五个位置,检查相应出风口出风及制

冷情况,调节空调出风量大小挡位旋钮,观察出风量的变化,暖风检查只需空调温度调节至红色暖风区域即可,如图1-29所示。

图1-28　检查音响工作情况

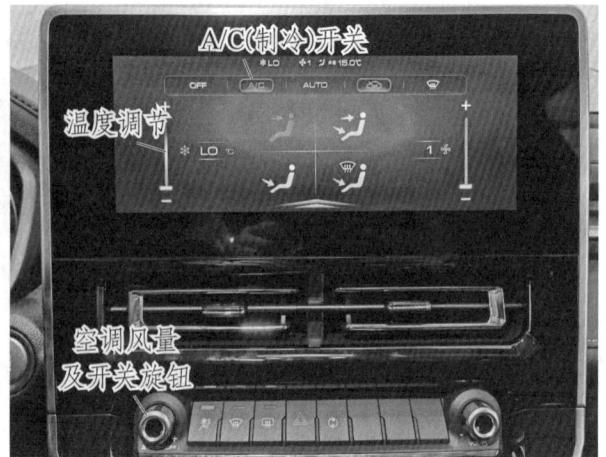

图1-29　检查空调系统工作情况

标准与结果记录:

□空调制冷正常

□空调出风口调节正常

□空调出风量大小调节正常

□空调暖风正常

⑩作业内容:检查汽车灯光,灯光组合开关手柄如图1-30所示。

a.检查示廓灯。

检查方法:将灯光组合开关手柄旋至⊃◯◱挡位置,目视检查前左、右示廓灯是否点亮,如图1-31所示。

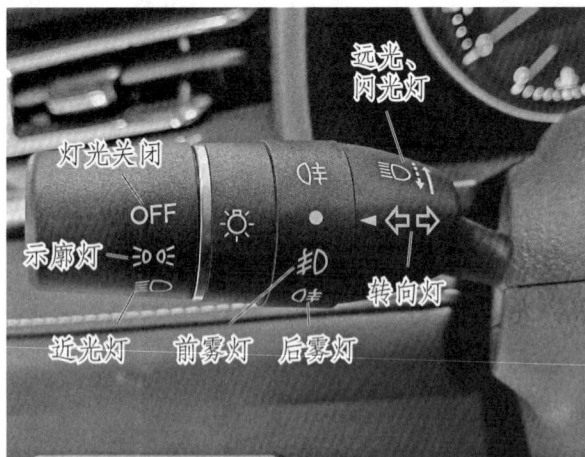

图1-30　灯光组合开关手柄

图1-31　车辆前部灯光

标准与结果记录:

□左前示廓灯点亮正常　　□右前示廓灯点亮正常

□示廓灯指示灯点亮正常

b.检查前照灯近光。

检查方法:将灯光组合开关手柄旋至⊉D挡位置,目视检查左、右前照灯近光是否点亮,如图 1-31 所示。

标准与结果记录:

□左前近光灯点亮正常　　　□右前近光灯点亮正常

c.检查前照灯远光。

检查方法:将灯光组合开关手柄向垂直于转向盘的方向向下推至 ⬛ 挡位置,目视检查左、右前照灯远光是否点亮,如图 1-31 所示。

标准与结果记录:

□左前照灯远光点亮正常　　　□右前照灯远光点亮正常

□仪表板指示灯点亮正常

d.检查前照灯闪光。

检查方法:将灯光组合开关手柄向垂直于转向盘的方向向上抬起后松开,目视检查左、右前照灯闪光是否点亮。

标准与结果记录:

□左前照灯闪光正常　　　□右前照灯闪光正常

□仪表板指示灯闪亮正常

> 🔍 **小提示**
>
> 前照灯闪光其实就是前照灯远光根据操作闪亮。

e.检查前雾灯。

检查方法:将灯光组合开关手柄旋至 ⬛ 挡位置,目视检查左、右前雾灯是否点亮,如图 1-31 所示。

标准与结果记录:

□左前雾灯点亮正常　　　□右前雾灯点亮正常

□仪表板指示灯点亮正常

f.检查前部转向信号灯。

检查方法:将灯光组合开关手柄分别向平行于转向盘的方向,向下移至 ⬛ 挡和向上移至 ⬛ 挡位置,目视检查前左、右转向信号灯是否闪亮,如图 1-31 所示。

标准与结果记录:

□左前、左侧转向灯闪亮正常　　　□仪表板指示灯(左)闪亮正常

□右前、右侧转向灯闪亮正常　　　□仪表板指示灯(右)闪亮正常

g.检查前部危险警告灯。

检查方法:按下中央控制面板上 ⬛ 开关,目视检查前部左、右转向灯是否闪亮。

> 🔍 **小提示**
>
> 危险警告灯其实就是左、右转向灯同时闪亮。

标准与结果记录:

□左前危险警告灯闪亮正常　　□右前危险警告灯闪亮正常

□仪表板指示灯闪亮正常

h. 检查后示廓灯。

检查方法:将灯光组合开关手柄旋至 ⊡⊙⊡ 挡位置,目视检查左、右后示廓灯是否点亮,如图 1-32 所示。

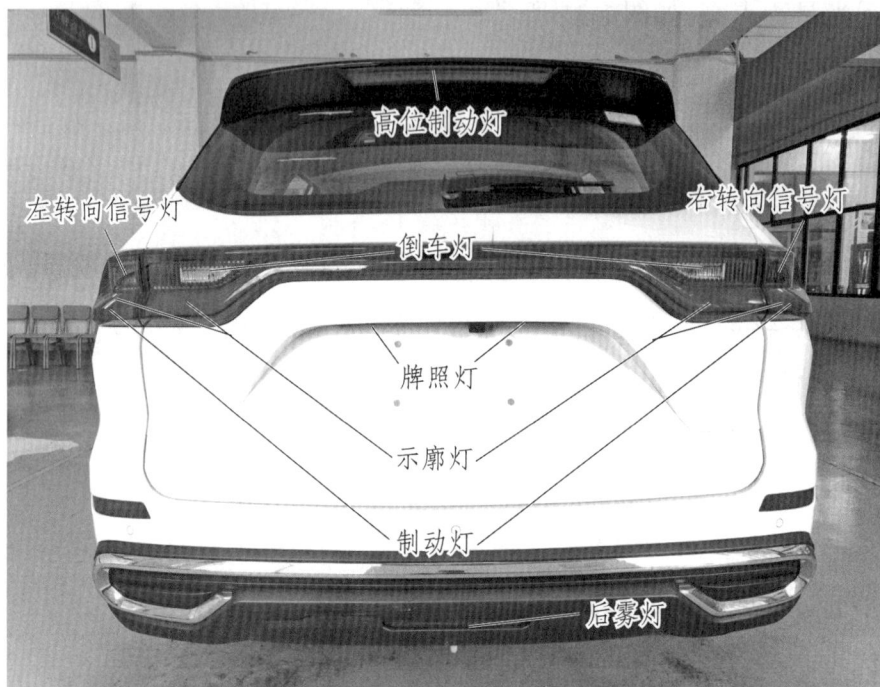

图 1-32　车辆后部灯光

标准与结果记录:

□左后示廓灯点亮正常　　　□右后示廓灯点亮正常

i. 检查牌照灯。

检查方法:将灯光组合开关手柄旋至 ⊡⊙⊡ 挡位置,目视检查左、右牌照灯是否点亮,如图 1-32 所示。

标准与结果记录:

□左侧牌照灯点亮正常　　　□右侧牌照灯点亮正常

j. 检查后雾灯。

检查方法:将灯光组合开关手柄旋至 ⬛ 挡位置,目视检查后雾灯是否点亮,如图 1-32 所示。

标准与结果记录:

□后雾灯点亮正常　　　□仪表板指示灯点亮正常

k. 检查后部转向信号灯。

检查方法:将灯光组合开关手柄分别向平行于转向盘的方向,向下移至 ⬛ 挡和向上至 ⬛ 挡位置,目视检查后左、右转向信号灯是否闪亮,如图 1-32 所示。

标准与结果记录:

□左后转向灯闪亮正常　　　□仪表板指示灯(左)闪亮正常

□右后转向灯闪亮正常　　□仪表板指示灯(右)闪亮正常

l. 检查后部危险警告灯。

检查方法:按下中央控制面板上 ⚠ 开关,目视检查后部左、右危险警告灯是否闪亮。

标准与结果记录:

□左后危险警告灯闪亮正常　　□右后危险警告灯闪亮正常

m. 检查制动灯。

检查方法:踩下制动踏板,目视检查左、右制动灯是否点亮,如图 1-32 所示。

标准与结果记录:

□左侧制动灯点亮正常　　□右侧制动灯点亮正常

🔍 **小提示**

　　制动灯与后示廓灯采用的是双丝灯泡,在同一个灯罩内,所以检查制动灯时应在后示廓灯亮起时检查,制动灯亮度比后示廓灯强。

n. 检查倒车灯。

检查方法:踩下制动踏板,将换挡手柄置于 R 挡(倒车挡),目视检查倒车灯是否点亮,如图 1-32 所示。

标准与结果记录:

□倒车灯点亮正常　　□仪表板 R 挡指示灯点亮正常

⑪作业内容:检查制动踏板的高度及自由行程。

检查方法:坐好后,手放在转向盘上,右脚踩下制动踏板不放,其应保持一定高度,若其缓慢下移,则表示制动系统有泄漏现象,如图 1-33 所示。

标准与结果记录:

□制动系统无泄漏

⑫作业内容:检查车辆挡位指示是否正常。

检查方法:右脚踩下制动踏板不放,右手依次更换换挡杆挡位,观察仪表盘是否依次显示相应挡位,如图 1-34 所示。

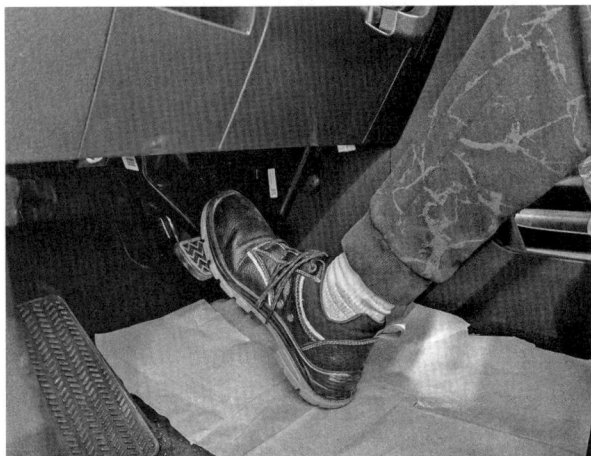

图 1-33　检查制动踏板

图 1-34　检查挡位显示

标准与结果记录:

□挡位指示正常

⑬作业内容:检查左前座椅工作情况。

检查方法:双手分别扶住座椅坐垫和座椅靠背并上下左右扳动,感觉座椅是否有松动(以此检查螺母螺栓连接情况);上抬座椅前后调节手柄,前后移动座椅,座椅应能前后移动,释放座椅前后调节手柄,座椅应保持稳固;上抬或下压座椅坐垫上下调节手柄,座椅坐垫上下倾角应能改变;一只手扶住座椅靠背,另一只手上抬座椅靠背倾角调节手柄,座椅靠背倾角应能改变,释放座椅靠背倾角调节手柄,座椅靠背应保持稳固,如图1-35所示。右手按下座椅头枕高度调节按钮,左手上下调整座椅头枕高度,头枕高度应能调节。

标准与结果记录:

□左前座椅螺栓螺母无松动　　□前后调节功能正常　　□高度调整功能正常

□靠背倾角调整功能正常　　□头枕高度调整功能正常

⑭作业内容:检查座椅安全带工作情况。

检查方法:用力拉动安全带,检查安全带螺栓螺母是否松动;缓慢拉动安全带,检查安全带好坏及伸缩情况;迅速拉动安全带,检查安全带能否锁紧;上下扳动安全带高度调整器,检查其能否上下变换高度;将安全带扣插入安全扣座中,检查插入后能否锁死,组合仪表上安全带警告灯能否熄灭,如图1-36所示。

图1-35　检查座椅调节功能

图1-36　检查安全带

标准与结果记录:

□螺栓螺母无松动　　□带面完好　　□锁死功能正常

□高度调整功能正常　　□插扣与插座工作正常

□仪表座椅安全带警告灯工作正常

⑮作业内容:检查后视镜及车窗玻璃。

a.检查后视镜是否完好。

检查方法:目视检查后视镜各处是否完好无损。

标准与结果记录:

□后视镜完好

b. 检查后视镜调节情况。

检查方法：分别调节左、右后视镜调节按钮，观察后视镜上下左右的调节情况，如图 1-37 所示。

标准与结果记录：

□后视镜向上调节正常　　　□后视镜向下调节正常

□后视镜向左调节正常　　　□后视镜向右调节正常

c. 检查车门车窗玻璃升降情况。

检查方法：按下、抬起车窗玻璃升降开关，观察车窗玻璃下降和上升情况是否正常，如图 1-38 所示。

图 1-37　检查后视镜调节　　　　　　　　图 1-38　车窗玻璃升降检查

标准与结果记录：

□左前车门车窗玻璃上升正常　　　□左前车门车窗玻璃下降正常

□右前车门车窗玻璃上升正常　　　□右前车门车窗玻璃下降正常

□左后车门车窗玻璃上升正常　　　□左后车门车窗玻璃下降正常

□右后车门车窗玻璃上升正常　　　□右后车门车窗玻璃下降正常

⑯作业内容：检查车门。

a. 检查车门控灯开关工作情况（顶灯和指示灯工作情况）。

检查方法：打开车门，目视检查顶灯是否点亮、组合仪表内指示灯是否点亮；关闭车门，目视检查顶灯是否熄灭、组合仪表内指示灯是否熄灭。

标准与结果记录：

□门控灯点亮和熄灭正常　　　□仪表门控指示灯点亮和熄灭正常

□门控灯开关工作正常

b. 检查车门的螺母和螺栓是否松动。

检查方法：双手分别扶住车门底部和侧面，上下抬动车门，感觉并观察车门螺母和螺栓是否松动，如图 1-39 所示。

标准与结果记录：

□左前车门螺栓、螺母无松动　　□右前车门螺栓、螺母无松动

□左后车门螺栓、螺母无松动　　□右后车门螺栓、螺母无松动

⑰作业内容:检查儿童锁是否工作正常。

检查方法:在中控锁解锁状态下,在车内用应急钥匙旋转儿童锁旋钮至锁止位置和解锁位置,分别检查在车内是否可以打开车门,如图1-40所示。

图1-39　车门检查　　　　　　　　图1-40　检查儿童锁

标准与结果记录:

□儿童锁锁止正常　　□儿童锁解锁正常

(7)行李舱和燃油箱盖的检查。

检查工具:记录板夹。

检查材料:新车交接检验记录单(PDI检查单)、棉手套。

①作业内容:检查行李舱门的螺母和螺栓是否松动。

检查方法:用钥匙上的行李舱门开关打开行李舱门,右手扶住行李舱门,左手拉动行李舱门左侧的螺母和螺栓连接处,检查有无松动;左手扶住行李舱门,右手拉动行李舱门右侧的螺母和螺栓连接处,检查有无松动,如图1-41所示。

标准与结果记录:

□无松动　　□有松动,已紧固　　□有损坏,已更换

②作业内容:检查千斤顶及随车工具的固定情况。

检查方法:左右移动位于行李舱下的千斤顶,观察有无松动,如图1-42所示。

标准与结果记录:

□无松动　　□有松动,已紧固　　□有损坏,已更换

③作业内容:检查燃油箱盖。

a.检查燃油箱盖锁是否正常工作。

检查方法:保持车内中控锁处于锁止状态,按压燃油箱盖,观察油箱盖能否打开;解除中控锁锁止,再次按压燃油箱盖观察其能否打开,如图1-43所示。

标准与结果记录:

□中控锁锁止时,油箱盖无法打开　　□中控锁解除时,油箱盖可以打开

图1-41　行李舱门检查

图1-42　检查千斤顶

b.检查燃油箱盖是否变形和损坏。

检查方法:旋下油箱盖,目视检查油箱盖及垫片无变形和损坏;用手按压并旋转真空阀,检查是否锈蚀和黏住,如图1-43所示。

标准与结果记录:

□油箱盖及垫片无变形　　□无损坏

(8)汽车底盘检查。

检查工具:记录板夹、手电筒。

检查材料:新车交接检验记录单(PDI检查单)、棉手套。

①作业内容:检查发动机各部位是否漏油。

检查方法:戴上防腐手套,使用工作灯,目视检查发动机各部位有无泄漏现象,如图1-44所示。

图1-43　燃油箱盖检查

图1-44　检查发动机各部位是否漏油

标准与结果记录:

□各配合表面无泄漏　　□发动机油底壳螺栓无泄漏　　□油封处无泄漏

②作业内容:检查变速器各部位是否漏油。

检查方法:戴上防护手套,使用工作灯,目视检查变速器各部位有无泄漏现象,如图1-45所示。

标准与结果记录:

□各配合表面无泄漏 □轴和拉索伸出的区域无泄漏

□油封处无泄漏 □换挡阀与换挡拉索连接处无泄漏

□排放塞和加注口塞处无泄漏 □管件和软管连接处无泄漏

□自动变速器冷却管路无损坏

③作业内容:检查左右传动轴护套是否有裂纹、损坏和泄漏。

检查方法:戴上棉手套,双手扳动轮胎,使其完全被转向一侧;使用工作灯,目视检查传动轴内、外侧护套是否有裂纹、损坏和泄露,如图1-46所示。

标准与结果记录:

左侧内侧:□无裂纹 □无损坏 □无泄漏

右侧内侧:□无裂纹 □无损坏 □无泄漏

左侧外侧:□无裂纹 □无损坏 □无泄漏

右侧外侧:□无裂纹 □无损坏 □无泄漏

图1-45 检查变速器各部位是否漏油

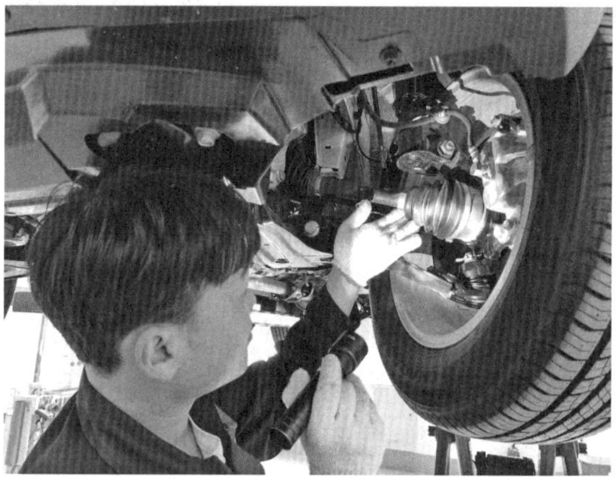

图1-46 检查左右传动轴护套

小提示

检查每个驱动轴护套时,需缓慢转动车轮一圈,这样才能将护套检查全面,共四个护套。

图1-47 检查转向连接机构

④作业内容:检查转向系统。

a.检查左右转向连接机构是否松动和摇摆。

检查方法:戴上棉手套,用手握住转向拉杆,分别从轴向和纵向摇动转向连接机构,感觉是否松动和摇摆,如图1-47所示。

标准与结果记录:

左侧:□无松动 □无摇摆

右侧:□无松动 □无摇摆

b.检查左右转向连接机构,查看其是否弯曲和损坏。

检查方法:戴上棉手套,使用工作灯,目视检查转向连接机构是否异常弯曲或损坏。

标准与结果记录：

左侧:□无异常弯曲　　　□无损坏

右侧:□无异常弯曲　　　□无损坏

c.检查防尘套是否有裂纹和损坏。

检查方法:戴上棉手套,使用工作灯,目视检查转向拉杆上的防尘套和转向拉杆球节上的防尘罩是否有裂纹或者损坏。

标准与结果记录：

左侧:□防尘套无裂纹无损坏　　　□防尘罩无裂纹无损坏

右侧:□防尘套无裂纹无损坏　　　□防尘罩无裂纹无损坏

⑤作业内容:检查制动系统管路是否泄漏、损坏。

检查方法:戴上防腐手套,使用工作灯,从前左右制动器处到底盘中部,再到后左右制动器处,依次目视检查制动管路是否有制动液泄漏;制动管路是否有凹痕或其他损坏;制动管路软管是否有扭曲、裂纹和凸起等现象;制动管路和软管安装是否松旷,如图1-48所示。

标准与结果记录：

□制动管路无泄漏　　　□制动管路无压痕和损坏

□制动管路软管无扭曲和损坏　　　□制动管路和软管安装无松旷

⑥作业内容:检查燃油管路。

检查工具:工作灯,棉手套。

a.检查燃油管路是否泄漏。

检查方法:戴上棉手套,使用工作灯,目视检查整个燃油管路是否有燃油泄漏,如图1-49所示。

图1-48　检查制动管路　　　　　　　　　图1-49　检查燃油管路

标准与结果记录：

□燃油管路无泄漏

b.检查燃油管路是否损坏及其安装情况。

检查方法:戴上棉手套,使用工作灯,目视检查整个燃油管路是否损坏;用手拉动燃油管路检查是否松旷,如图1-49所示。

标准与结果记录：

□燃油管路无损坏　　□燃油管路无松旷

⑦作业内容:检查汽车车轮状况。

a. 检查轮胎气门嘴帽及其规格。

检查方法:检查备胎与 4 个轮胎的气嘴帽是否完好,检查备胎与其他 4 个轮胎规格是否相同。

标准与结果记录:

□轮胎气嘴帽完好　　□规格相同

b. 检查车轮螺母扭力,拧紧车轮螺母。

检查方法:使用扭力扳手紧固车轮螺母至规定扭矩,未达规定扭矩的应调整至规定扭矩,如图 1-50 所示。

标准与结果记录:

□车轮螺母已达到规定扭矩

图 1-50　车轮螺母检查

c. 检查轮胎气压,并将各轮胎气压测量与判断填写到表 1-3 中,胎压标准值见车身胎压标贴。

轮胎气压测量与判断　　　　表 1-3

轮胎位置	胎压		是否正常	已调整
	测量值(kPa)	标准值(kPa)		
左前轮胎			□正常	
右前轮胎			□正常	
左后轮胎			□正常	
右后轮胎			□正常	
备胎			□正常	

检查方法:

Ⅰ. 清洁并校零气压表。

Ⅱ. 拧下气门嘴帽,将气压表上的连接口与气门嘴相连,确保连接正确,如图 1-51 所示。

Ⅲ. 视线与气压表上的刻度表水平,读出此时数据即为轮胎气压。

Ⅳ. 若气压过高,可按下气压表上的放气按钮,直到轮胎气压处于正常值;若气压过低,可将充有压缩空气的气管与气压表连接,然后捏住气压表上的加气手柄,即可加注空气,直到轮胎气压处于正常值,如图 1-51 所示。

标准与结果记录:

(9)汽车路试检查。

所需工具:记录板夹。

图 1-51　检查轮胎胎压

所需材料:新车交接检验记录单(PDI检查单)。

①作业内容:检查是否存在异常噪声与振动。

检查方法:换挡杆位于D挡位置时,车辆行驶后,使发动机处于各种工况,同时听是否有共振,是否有异响。

标准与结果记录:

□无共振　　　□无异响

②作业内容:检查汽车的行驶及操纵性能。

检查方法:在坡道上试车,感受汽车的加速动力情况,在低速和高速情况下轻打转向盘,感受转向系统工作情况;正常直线行驶时方向是否跑偏、能否自动维持直线行驶,转弯后可以基本自行回正;制动性能是否良好。

标准与结果记录:

□发动机加速动力正常　　□汽车转向系统正常

□汽车直线行驶正常　　　□汽车转弯后自行回正正常　　　□汽车制动正常

三、学习拓展

请在平时参观汽车4S店时,多与售后服务人员沟通,收集至少三款车型的《新车交付检验清单》带回学校与全班同学共享,通过对比交流,更加深入地了解4S店对各种车型交车前检验PDI作业项目。

延伸阅读

汽车维修工人展现"工匠精神"

1993年,陈正文作为学徒,在江西九江的一家汽车修理厂工作。他勤奋、好学,成为厂里每天上班时间最早、下班时间最迟的人。功夫不负有心人,他的汽车维修水平得到了大幅提升。在对待新人培养方面,陈正文非常热心地向年轻人分享经验、传授技艺。他的徒弟们在汽车故障排除方面有着高超的技艺,部分在汽车维修类大赛中获奖,部分取得了高级技师证书。

尽管在汽车维修方面陈正文得到了大家的认可,但他并没有就此止步,而是继续兢兢业业地努力,不管是对自己的学习,还是对新人的培养,陈正文用自己的持之以恒和全力以赴诠释"工匠精神"、实现自我价值,他有着当代中国工匠可爱、可敬的光辉形象。

四、评价与反馈

1 自我评价与反馈

(1)能否主动参与工作现场的清洁和整理工作?(　　)

　　A.主动完成　　　　B.被动完成　　　　C.未完成

(2)完成本学习任务后,你是否清楚汽车售前维护的有关规定?(　　)

　　A.完全清楚　　　　　　B.基本知道　　　　　　C.不知道

(3)通过本任务的学习,你能否想起售前维护的具体项目和技术要求?(　　)

　　A.能完全背诵　　　B.基本能想起　　　C.不能

(4)你在学习交车前检验和技术要求的过程中遇到的困难是什么?怎样解决的?

_____

_____

_____

　　　　　　　　　　　　签名:_____　_____年_____月_____日

❷ 小组评价与反馈

(1)是否完成了本学习任务的学习目标?(　　)

　　A.主动完成且效果好　　　　　　　B.完成但效果不好

　　C.未完成

(2)是否积极学习,是否积极向他人请教,是否积极帮助他人学习?(　　)

　　A.积极学习　　　B.积极请教　　　C.积极帮助他人　　D.全都不积极

(3)学习过程中是否注重学习质量,并且有责任心?(　　)

　　A.注重质量;有责任心　　　　　　B.不注重质量;有责任心

　　C.注重质量;无责任心　　　　　　D.全无

　　　　　　　参与评价的同学签名:_____　_____年_____月_____日

❸ 教师评价

_____

_____

_____

　　　　　　　　　　　　教师签名:_____　_____年_____月_____日

五、技能考核标准

序号	项目	操作内容	规定分	评分标准	得分
1	准备工作	清点所需物品、工具,整理工位	11分	车内防护三件套、车外防护三件套 手套、抹布、电筒、万用表、胎压表、扭力扳手及套筒、夹板、笔、记录单,少一项扣1分	

序号	项目	操作内容	规定分	评分标准	得分
2	验证车辆状态	车辆信息查对	5分	少一项扣1分	
		随车物品的清点、检查	5分	少一项扣1分	
3	恢复车辆到正常工作状态	检查车辆外观（因实训车辆无法恢复到运输状态，故改为此项检查）	2分	遗漏一处扣1分，扣完为止	
4	检验车辆的技术状况	查验汽车铭牌、规格	9分	根据铭牌信息，一项1分	
		汽车外观检查	6分	全车颜色一致、车身无划痕、车身无掉漆、车身无开裂、车身无锈蚀、车身无修补痕迹，一项1分	
		车辆内部防护	1分	少安装一件，扣0.5分，扣完为止	
		安全检查	1分	少确认一项，扣0.5分	
		发动机舱检查	9分	发动机舱盖锁、安装车外防护三件套、发动机机油、发动机冷却液、喷洗液、制动液、蓄电池、传动皮带、冷却水管，一项1分	
		汽车内部及灯光检查	30分	天窗、阅读灯、转向盘、喇叭、燃油表、组合仪表、发动机运转、音响、空调、车外灯光、制动踏板、挡位显示、座椅、安全带、后视镜及车窗玻璃、车门、儿童锁，一项1分（车外灯光一组灯光1分）	
		行李舱和燃油箱盖的检查	2分	行李舱、燃油箱盖，一项1分	
		汽车底盘检查	9分	发动机各部位漏油、变速器各部位漏油、驱动轴护套、转向系统、制动系统、燃油供给系统、车轮型号、车轮螺母紧固、车轮胎压，一项1分	

续上表

序号	项目	操作内容	规定分	评分标准	得分
5	完成时限	20min	2分	超时2min内扣1分 超时4min以上扣2分	
6	回答问题	根据实际情况提问	2分	酌情扣分	
7	安全文明	无安全隐患,无不文明操作	2分	未达标扣2分	
8	8S	工具、量具清洁、归位	2分	有遗漏扣1分,未做扣2分	
		工作场地清洁	2分	不彻底扣1分,未做扣2分	
总分			100分	—	

学习任务二
汽车维护分级项目与技术要求

学习目标

知识目标

1. 清楚我国汽车维护的分级与周期规定；

2. 掌握汽车各级维护项目的技术要求和区别。

技能目标

1. 能准确找到汽车各级维护项目的操作位置；

2. 会合理编排汽车各级维护的操作流程。

素养目标

1. 培养理论联系实际的能力，不断提出真正解决问题的新理念新思路新办法；

2. 培养严谨细致的工作作风。

建议学时：12 学时

任务描述

王凯同学应聘了一家汽车4S店，主要工作任务是汽车维护作业。再过一周，王凯就正式到岗上班了，他正想完整复习和全面掌握一下汽车维护的有关知识和技术要领。

一、理论知识准备

汽车作为机电产品，由数千个零部件组成，在日常使用中，随着时间的推移和汽车行驶里程的增加，由于受到振动、摩擦、老化等各种因素的影响，这些零部件使用性能会出现不同程度的下降，若不及时对其维护，会导致汽车出现机械故障甚至引发交通事故。因此，定期按要求对汽车实施维护显得极其重要。

❶ 汽车维护的定义

广义的汽车维护，其涵盖的范围相当广泛，包括汽车美容护理（含洗车、上蜡、划痕处理、漆面保养护理、车用精品护理等）、汽车装饰（含贴膜、座椅包装、汽车防盗、大包围、汽车灯具装饰内饰等）、汽车维护及与其相关的汽车检测。

狭义的汽车维护指在汽车使用过程中，为维持汽车良好的技术状况对其进行预防性、保护性、系统性的各种作业。

本书中所指的汽车维护,是指狭义的汽车维护。

❷ 汽车维护的意义

为了保证汽车各系统能正常运转,确保其行驶的安全、舒适、经济等性能,我们必须按照汽车厂家的要求对车辆进行相关维护,即必须根据不同车型的设计要求、使用情况、零部件磨损规律,把该车型磨损程度相近的项目集中起来,在其正常磨损期内进行相应的清洁、检查、校验、紧固、调整、润滑等工作,从而改善各零件的工作条件,减轻零件磨损,消除隐患,延长零件使用寿命,保持良好的技术状况,这就是汽车维护的意义所在。

❸ 汽车维护的制度

我国现行的汽车维护制度贯彻"预防为主、定期检测、强制维护"的原则。"预防为主"的设备管理原则为全世界通用,只有做好事前的预防工作,才能使设备经常保持良好的技术状况,减少故障频率、降低消耗、延长使用寿命。"定期检测,强制维护"进一步强调维护的重要性和必要性,使汽车使用人员更加重视对车辆的维护,防止为追求眼前利益而不及时维护,造成汽车车况严重下降,影响行驶安全。

(1)汽车维护的分级。

汽车维护分为日常维护、一级维护、二级维护。

(2)汽车维护的周期。

汽车日常维护的周期分为出车前、行车中和收车后。

汽车一级维护、二级维护周期的确定应以行驶里程间隔为基本依据,行驶里程间隔执行车辆维修资料等有关技术文件的规定。对于不便用行驶里程间隔统计、考核的汽车,可用行驶时间间隔确定一级维护、二级维护周期。

一级维护作业周期主要以行驶里程间隔为基本依据,对于不便于用行驶里程间隔统计、考核的汽车,可用行驶时间间隔确定周期。国家标准推荐的一级维护行驶里程上限值:小型客车(含乘用车)(车长≤6m)、轻型货车(最大设计总质量≤3500kg)为1万km;中型及以上客车(车长>6m)、轻型以上货车(最大设计总质量>3500kg)和挂车为1.5万km;也可参考随车的《用户手册》执行。其周期主要按行驶里程间隔为基本依据,可参考随车的《用户手册》。

二级维护作业周期主要以行驶里程间隔为基本依据,行驶里程以汽车实际行驶量程为准,仪表显示可以作为测量数据的重要数值。对于不便于用行驶里程间隔统计、考核的汽车,可用行驶时间间隔确定周期。国家标准推荐的二级维护行驶里程上限值:小型客车(含乘用车)(车长≤6m)、轻型货车(最大设计总质量≤3500kg)为4万km;中型及以上客车(车长>6m)、轻型以上货车(最大设计总质量>3500kg)和挂车为5万km;也可参考随车的《用户手册》执行。

❹ 汽车各级维护项目的中心内容

日常维护是以清洁、补给和安全性能检视为中心内容的维护作业,其作业周期包括出车前、行车中和收车后。

一级维护是除日常维护作业外,以润滑、紧固为作业中心内容,并检查有关制动、操纵等系统中的安全部件的维护作业。

二级维护是除一级维护作业外,以检查、调整制动系统、转向操纵系统、悬架等安全部件,并拆检轮胎,进行轮胎换位,检查调整发动机工作状况和汽车排放相关系统等为主的维护作业。包括基本作业项目和附加作业项目。基本作业即日常维护、一级维护的所有项目内容和二级维护的基本项目内容。

需要说明的是,现代汽车都有各自的维修相关资料,如果车辆维修资料中与《汽车维护、检测、诊断技术规范》(GB/T 18344—2016)规定相同的部分,则按国家标准执行;如果有与此标准规定不同的部分,则按车辆维修资料的有关条款执行。

二、实 践 操 作

汽车在运行过程中,由于使用时间、承受载荷、行驶速度、道路状况、燃料与润滑材料的品质、驾驶技术、环境和气温气候条件等多种因素的影响,各部机构、零件必然逐渐产生不同程度的松动、磨损和机械损伤,汽车的动力性、经济性、可靠性、安全性等都会随之变差,如不及时进行技术维护,汽车的使用寿命就会大大缩短。因此,适时、合理地维护,使汽车处于完好的技术状况,使之安全、优质、高效地运行是非常必要的。

本学习任务通过三个子任务分别介绍日常维护作业项目与要求、一级维护作业项目与要求和二级维护作业项目与要求。这里的内容包含商品车和乘用车的维护作业项目与要求,以列表介绍的形式呈现。

(一)任务准备

(1)准备一台实训车辆(可以根据自身条件准备任意型号的车辆,对表学习),并将车辆停放在安全的检测区域,学习区域尽量安排在有举升机的工位上。

(2)准备手电筒、手套等外观目视检查时所需要的必须物品和工具。

(3)准备书本、记录板和记录笔等学习用品。

(二)注意事项

(1)所准备的车辆型号不同,其零部件安装位置不尽相同,需视具体车型或车辆系统调整部件观察学习的方法、步骤。

(2)在有举升设备的工位上学习,需要举升车辆时,一定注意安全防范,确保安全再举升车辆。

(3)如需对车辆进行操作学习,确认拉紧驻车制动杆,确认换挡杆处于空挡或 P 挡位置;必要时安装座椅套、转向盘套和地板垫以保持车内干净整洁;对发动机舱内进行检查学习之前,需安装好左右翼子板布、前格栅布,以保护车辆漆面。

(三)任务实施

子任务1 汽车日常维护项目与技术要求

按照《汽车维护、检测、诊断技术规范》(GB/T 18344—2016)的规定,日常维护作业项目及技术要求见表2-1。

请按照表2-1的项目、作业内容和技术要求，及时对照车辆熟读熟记，在实车上熟悉日常维护作业内容及其技术要求。熟读熟记是一项需要终身学习的技能和习惯。

日常维护作业项目及技术要求

表2-1

序号	作业项目	作业内容	技术要求	维护周期
1	车辆外观及附属设施	检查、清洁车身	车身外观及客车车厢内部整洁，车窗玻璃齐全、完好	出车前或收车后
		检查后视镜，调整后视镜角度	后视镜完好、无损毁，视野良好	出车前
		检查灭火器、客车安全锤	灭火器配备数量及放置位置符合规定，且在有效期内。客车安全锤配备数量及放置位置符合规定	出车前或收车后
		检查安全带	安全带固定可靠、功能有效	出车前或收车后
		检查风窗玻璃刮水器	刮水器各挡位工作正常	出车前
2	发动机	检查发动机润滑油、冷却液液面高度	油（液）面高度符合规定，视情补给	出车前
3	制动	制动系统自检	自检正常，无制动报警灯闪亮	出车前
		检查制动液液面高度	液面高度符合规定，视情补给	出车前
		检查行车制动、驻车制动	行车制动、驻车制动功能正常	出车前
4	车轮及轮胎	检查轮胎外观、气压	轮胎表面无破裂、凸起、异物刺入及异常磨损，轮胎气压符合规定	出车前、行车中
		检查车轮螺栓、螺母	齐全完好，无松动	出车前
5	照明、信号指示装置及仪表	检查前照灯	前照灯完好、有效，表面清洁，远近光变换正常	出车前
		检查信号指示装置	转向灯、制动灯、示廓灯、危险报警闪光灯、雾灯、喇叭、标志灯及反射器等信号指示装置完好有效，表面清洁	
		检查仪表	工作正常	出车前、行车中

注："符合规定"指符合车辆维修资料等有关技术文件的规定，以下同。

子任务2 汽车一级维护项目与技术要求

按照《汽车维护、检测、诊断技术规范》（GB/T 18344—2016）的规定，一级维护基本项目和技术要求见表2-1及表2-2。

请按照表2-1和表2-2的项目、作业内容和技术要求，及时对照车辆熟读熟记，努力在实车上熟悉汽车一级维护作业内容及其技术要求。

一级维护基本作业项目及技术要求   表2-2

序号	作业项目	作业内容	技术要求
发动机			
1	空气滤清器、机油滤清器和燃油滤清器	清洁或更换	按规定的里程或时间清洁或更换滤清器。滤清器应清洁，衬垫无残缺，滤芯无破损。滤清器安装牢固，密封良好
2	发动机润滑油及冷却液	检查油（液）面高度，视情更换	按规定的里程或时间更换润滑油、冷却液，油（液）面高度符合规定
转向系统			
3	部件连接	检查、校紧万向节、横直拉杆、球头销和转向节等部位连接螺栓、螺母	各部件连接可靠
4	转向器润滑油及转向助力油	检查油面高度	按规定的里程或时间更换转向器润滑油及转向助力油，油面高度符合规定，视情更换
制动系统			
5	制动管路、制动阀及接头	检查制动管路、制动阀及接头，校紧接头	制动管路、制动阀固定可靠，接头紧固，无漏气（油）现象
6	缓速器	检查、校紧缓速器连接螺栓、螺母，检查定子与转子间隙，清洁缓速器	缓速器连接紧固，定子与转子间隙符合规定，缓速器外表、定子与转子间清洁，各插接件与接头连接可靠
7	储气筒	检查储气筒	无积水及油污
8	制动液	检查液面高度	按规定的里程或时间更换制动液，液面高度符合规定，视情更换
传动系统			
9	各连接部位	检查、校紧变速器、传动轴、驱动桥壳、传动轴支承等部位连接螺栓、螺母	各部位连接可靠，密封良好

续上表

序号	作业项目	作业内容	技术要求
10	变速器、主减速器和差速器	清洁通气孔	通气孔通畅
		车轮部分	
11	车轮及半轴的螺栓、螺母	校紧车轮及半轴的螺栓、螺母	扭紧力矩符合规定,不符合规定的应按照维修手册将扭紧力矩加至规定值
12	轮辋及压条挡圈	检查轮辋及压条挡圈	轮辋及压条挡圈无裂损及变形
		其他	
13	蓄电池	检查蓄电池	液面高度符合规定,通气孔畅通,电桩、夹头清洁、牢固,免维护蓄电池电量状况指示正常
14	防护装置	检查侧防护装置及后防护装置,校紧螺栓、螺母	完好有效,安装牢固
15	全车润滑	检查、润滑各润滑点	润滑嘴齐全有效,润滑良好。各润滑点防尘罩齐全完好。集中润滑装置工作正常,密封良好
16	整车密封	检查泄漏情况	全车不漏油、不漏液、不漏气

子任务3 汽车二级维护项目与技术要求

二级维护作业项目及技术要求包含日常维护、一级维护的所有内容(表2-1、表2-2),在此基础上增加的基本项目及技术要求见表2-3。

请按照表2-1、表2-2和表2-3的项目、作业内容和技术要求,及时对照车辆熟读熟记,努力在实车上熟悉汽车二级维护作业内容及其技术要求。

二级维护基本作业项目及技术要求 表2-3

序号	作业项目	作业内容	技术要求
		发动机	
1	发动机工作状况	检查发动机起动性能和柴油发动机停机装置	起动性能良好,停机装置功能有效
		检查发动机运转情况	低、中、高速运转稳定,无异响
2	发动机排放机外净化装置	检查发动机排放机外净化装置	外观无损坏,安装牢固

序号	作业项目	作业内容	技术要求
3	燃油蒸发控制装置	检查外观,检查装置是否畅通,视情更换	碳罐及管路外观无损坏,密封良好,连接可靠,装置畅通无堵塞
4	曲轴箱通风装置	检查外观,检查装置是否畅通,视情更换	管路及阀体外观无损坏,密封良好,连接可靠,装置畅通无堵塞
5	增压器、中冷器	检查、清洁中冷器和增压器	中冷器散热片清洁,管理无老化,连接可靠,密封良好。增压器运转正常,无异响,无渗漏
6	发电机、起动机	检查、清洁发电机和起动机	发电机和起动机外表清洁,导线接头无松动,运转无异响,工作正常
发动机			
7	发动机传动带(链)	检查空压机、水泵、发电机、空调机组和正时传动带(链)磨损及老化程度,视情调整其松紧度	按规定里程或时间更换传动带(链)。传动带(链)无裂痕和过量磨损,表面无油污,松紧度符合规定
8	冷却装置	检查散热器、水箱及管路密封	散热器、水箱及管路固定可靠,无变形、堵塞、破损及渗漏,箱盖接合表面良好,胶垫不老化
		检查水泵和节温器工作状况	水泵不漏水、无异响,节温器工作正常
9	火花塞、高压线	检查火花塞间隙、积炭和烧蚀情况,按规定里程或时间更换火花塞	无积炭,无严重烧蚀现象,电极间隙符合规定
		检查高压线外观及连接情况,按规定里程或时间更换	高压线外观无破损、连接可靠
10	进、排气歧管,消声器,排气管	检查进、排气歧管、消声器、排气管	外观无破损,无裂痕,消声器功能良好
11	发动机总成	清洁发动机外部,检查隔热层	无油污、无灰尘,隔热层密封良好
		检查、校紧连接螺栓、螺母	油底壳、发动机支撑、水泵、空压机、涡轮增压器、进排气歧管、消声器、排气管、输油泵和喷油泵等部位连接可靠

序号	作业项目	作业内容	技术要求
制动系统			
12	储气筒、干燥器	检查、紧固储气筒,检查干燥器功能,按规定里程或时间更换干燥剂	储气筒安装牢固,密封良好,干燥器功能正常,排水阀通畅
13	制动踏板	检查、调整制动踏板自由行程	制动踏板自由行程符合规定
14	驻车制动	检查驻车制动性能,调整操纵机构	功能正常,操纵机构齐全完好、灵活有效
15	防抱死制动装置	检查连接线路,清洁轮速传感器	各连接线及插接件无松动,轮速传感器清洁
16	鼓式制动器	检查制动间隙调整装置	功能正常
		拆卸制动鼓、轮毂、制动蹄;清洁轴承位、轴承、支承销和制动底板等零件	清洁,无油污,轮毂通气孔畅通
		检查制动底板、制动凸轮轴	制动底板安装牢固、无变形、无裂损,凸轮轴转动灵活,无卡滞和松旷现象
		检查轮毂内外轴承	滚柱保持架无断裂,滚柱无缺损、脱落,轴承内外圈无裂损和烧蚀
		检查制动摩擦片、制动蹄及支承销	摩擦片表面无油污、裂损,厚度符合规定,制动蹄无裂纹及明显变形,铆接可靠,铆钉沉入深度符合规定。支承销无过量磨损,与制动蹄轴承孔衬套配合无明显松旷
		检查制动蹄复位弹簧	复位弹簧不得有扭曲、钩环损坏、弹性损失和自由长度改变等现象
		检查轮毂、制动鼓	轮毂无裂损,制动鼓无裂痕、沟槽、油污及明显变形
17	盘式制动器	检查制动摩擦片和制动盘磨损量	制动摩擦片和制动盘磨损量应在标记规定或制造商要求的范围内,其摩擦工作面不得有油污、裂纹、失圆和沟槽等损伤
		检查制动摩擦片与制动盘间的间隙	制动摩擦片与制动盘之间的转动间隙符合规定
		检查密封件	密封件无裂纹或损坏
		检查制动钳	制动钳安装牢固、无油液泄漏。制动钳导向销无裂纹或损坏

续上表

序号	作业项目	作业内容	技术要求
转向系统			
18	转向器和转向传动机构	检查转向器和转向传动机构	转向轻便、灵活,转向无卡滞现象,锁止、限位功能正常
		检查部件技术状况	转向节臂、转向器摇臂及横直拉杆无变形、裂纹和拼焊现象,球销无裂纹、不松旷,转向器无裂损、无漏油现象
19	转向盘最大自由转动量	检查、调整转向盘最大自由转动量	最高设计车速不小于100km/h的车辆,其转向盘的最大自由转动量不大于15°,其他车辆不大于25°
行驶系统			
20	车轮及轮胎	检查轮胎规格型号	轮胎规格型号符合规定,同轴轮胎的规格和花纹应相同,公路客车(客运班车)、旅游客车、校车和危险货物运输车的所有车轮及其他车辆的转向轮不得装用翻新轮胎
		检查轮胎外观	轮胎的胎冠、胎壁不得有长度超过25mm或深度足以暴露出帘布层的破裂和割伤,以及凸起、异物刺入等影响使用的缺陷。具有磨损标志的轮胎,胎冠的磨损不得触及磨损标志;无磨损标志或标志不清的轮胎,乘用车和挂车胎冠花纹深度应不小于1.6mm;其他车辆的转向轮的胎冠花纹深度应不小于3.2mm,其余轮胎胎冠花纹深度应不小于1.6mm
		轮胎换位	根据轮胎磨损情况或相关规定,视情进行轮胎换位
		检查、调整车轮前束	车轮前束值符合规定
21	悬架	检查悬架弹性元件,校紧连接螺栓、螺母	空气弹簧无泄漏、外观无损伤。钢板弹簧无断片、缺片、移位和变形,各部件连接可靠,U形螺栓螺母扭紧力矩符合规定
		减振器	减振器稳固有效,无漏油现象,橡胶垫无松动、变形及分层
22	车桥	检查车桥、车桥与悬架之间的拉杆和导杆	车桥无变形、表面无裂痕、油脂无泄漏,车桥与悬架之间的拉杆和导杆无松旷、移位和变形

序号	作业项目	作业内容	技术要求
		传动系统	
23	离合器	检查离合器工作状况	离合器接合平稳,分离彻底,操作轻便,无异响、打滑、抖动及沉重等现象
		检查、调整离合器踏板自由行程	离合器踏板自由行程符合规定
24	变速器、主减速器、差速器	检查、调整变速器	变速器操纵轻便、挡位准确,无异响、打滑及乱挡等异常现象,主减速器、差速器工作无异响
		检查变速器、主减速器、差速器润滑油液高度,视情更换	按规定的里程或时间更换润滑油,液面高度符合规定
25	传动轴	检查防尘罩	防尘罩无裂痕、损坏,卡箍连接可靠,支架无松动
		检查传动轴及万向节	传动轴无弯曲,运转无异响。传动轴及万向节无裂损、不松旷
		检查传动轴承及支架	轴承无松旷,支架无缺损和变形
		灯光导线	
26	前照灯	检查远光灯发光强度,检查、调整前照灯光束照射位置	符合《机动车运行安全技术条件》(GB7258—2017)规定
27	线束及导线	检查发动机舱及其他可视的线束及导线	插接件无松动、接触良好。导线布置整齐、固定牢靠,绝缘层无老化、破损,导线无外露,导线与蓄电池桩头连接牢固,并有绝缘套
		车身车架	
28	车架和车身	检查车架和车身	车架和车身无变形、断裂及开焊现象,连接可靠,车身周正。发动机舱盖锁扣锁紧有效。车厢铰链完好,锁扣锁紧可靠,固定集装箱箱体、货物的锁止机构工作正常
		检查车门、车窗启闭和锁止	车门和车窗应启闭正常,锁止可靠。客车动力启闭车门的车内应急开关及安全顶窗机件齐全、完好
29	支承装置	检查、润滑支承装置,校紧连接螺栓、螺母	完好有效,润滑良好,安装牢固

序号	作业项目	作业内容	技术要求
30	牵引车与挂车连接装置	检查牵引销及其连接装置	牵引销安装牢固,无损伤、裂纹等缺陷,牵引销颈部磨损量符合规定
		检查、润滑牵引座及牵引销锁止、释放机构,校紧连接螺栓、螺母	牵引座表面油脂均匀,安装牢固,牵引销锁止、释放机构工作可靠
		检查转盘与转盘架	转盘与转盘架贴合表面无松旷、偏歪。转盘与牵引连接部件连接牢靠,转盘连接螺栓应紧固,定位销无松旷、无磨损,转盘润滑
		检查牵引钩	牵引钩无裂纹及损伤,锁止、释放机构工作可靠

三、学 习 拓 展

首先,将表2-1、表2-2和表2-3按表2-4格式自主整合。归纳整理是学习总结的重要部分,也是匠心成长的重要环节。

汽车维护项目表-自主学习整理 表2-4

序号	作业项目	作业内容	技术要求	分级标记	第一轮次背诵打"√"	第二轮次背熟打"√"
1						
2						
3						
4						
5						
6						
7						
8						
9						
10						
⋮						

然后,根据自己的认识和理解,按照一定顺序,整理出汽车二级维护的所有作业项目、内容与技术要求。

最后,把它熟读(背诵)出来。

注意:整理时请自行标记日常维护、一级维护和二级维护的内容,并在背诵时有意识地进行区分。

四、评价与反馈

❶ 自我评价与反馈

（1）能否主动参与学习现场的准备、整理和清洁工作？（　　）

  A. 主动完成   B. 被动完成   C. 未完成

（2）完成本学习任务后，你是否清楚汽车维护制度分级与周期的规定？（　　）

  A. 完全清楚   B. 基本知道   C. 不知道

（3）通过本任务的学习，你能否想起各级维护的具体项目和技术要求？（　　）

  A. 能完全背诵

  B. 基本能想起

  C. 只能想起/□日常维护/□一级维护/□二级维护（该选项请在"□"处勾选）

  D. 都不会

（4）汽车各级维护作业的中心内容有：（请在以下"□"处勾选出正确的作业中心内容）

  A. 汽车日常维护是以/□清洁/□补给/□安全性能检视为中心内容的维护作业。

  B. 汽车一级维护作业项目除日常维护作业外，以/□润滑/□紧固为作业中心内容。

  C. 汽车二级维护作业项目除一级维护作业外，以检查、调整/□制动系统/□转向操纵系统/□悬架等安全部件，并拆检轮胎，进行/□轮胎换位/□检查调整发动机工作状况和汽车排放相关系统等为主的维护作业。

（5）你在学习汽车维护分级和技术要求的过程中遇到的困难是什么？怎样解决的？

_____

_____

_____

      签名：_____ _____年_____月_____日

❷ 小组评价与反馈

（1）是否完成了本学习任务的学习目标？（　　）

  A. 主动完成且效果好   B. 完成但效果不好

  C. 未完成

（2）是否积极学习，是否积极向他人请教不懂处，是否积极帮助他人学习？（　　）

  A. 积极学习   B. 积极请教

  C. 积极帮助他人   D. 全都不积极

（3）学习过程中是否注重学习质量，是否有责任心？（　　）

  A. 注重质量；有责任心   B. 不注重质量；有责任心

  C. 注重质量；无责任心   D. 全无

     参与评价的同学签名：_____ _____年_____月_____日

3 教师评价

_____

_____

_____

_____

教师签名:_____　_____年_____月_____日

五、技能考核标准

序号	项目	操作内容	规定分	评分标准	得分
1	准备工作	清点所需物品,整理工位	2分	车内防护三件套、车外防护三件套、手套、抹布,少一项扣0.5分	
2	安全检查	确认拉起驻车制动 确认换挡杆置于"P"位置	1分	少确认一项,扣0.5分	
3	车辆防护	安装车内三件套 安装车外三件套	1分	遗漏一处扣0.5分,扣完为止	
4	熟记汽车日常维护项目与技术要求	按表2-1项目内容与要求,并结合实训车辆进行熟记	14分	按表2-1说出作业项目得0.5分;说出每一项的主要内容得0.5分;说出每一项的技术要求得0.5分	
5	熟记汽车一级维护项目与技术要求	按表2-2项目内容与要求,并结合实训车辆进行熟记	20分	按表2-2说出作业项目得0.5分;说出每一项的主要内容得0.5分;说出每一项的技术要求得0.5分	
6	熟记汽车二级维护项目与技术要求	按表2-3项目内容与要求,并结合实训车辆进行熟记	60分	按表2-3说出作业项目得0.5分;说出每一项的主要内容得0.5分;说出每一项的技术要求得0.5分	
7	安全文明	无安全隐患,无不文明操作	1分	未达标扣1分	
8	8S	工作场地整理、清洁	1分	未达标扣1分	
	总分		100分	—	

学习任务三
汽车二级维护

学习目标

知识目标

1.清楚汽车二级维护的定义及维护周期；

2.熟悉汽车二级维护的作业项目内容。

技能目标

1.会熟练使用维修工量具、仪器设备、辅料；

2.能独立完成汽车二级维护中的常规操作项目。

素养目标

1.培养汽车维护过程中的团队协作精神,在学习中敢担当、能吃苦;

2.培养良好的工作态度、规范的操作习惯、牢固的安全意识,以科学的态度对待科学。

建议学时:40 学时

任务描述

陈叔叔的长城哈弗汽车已行驶 4 万 km,按规定需要进行维护检查。今天陈叔叔将车开到服务站,请专业人员对该车进行二级维护。

一、理论知识准备

❶ 汽车二级维护定义

汽车二级维护是除一级维护作业外,以检查、调整制动系统、转向操纵系统、悬架等安全部件,并拆检轮胎,进行轮胎换位,检查调整发动机工作状况和汽车排放相关系统等为主的维护作业。

二级维护的间隔在 30000 ~ 40000km,所以,在作业中常会发现一些机件故障的存在,要另加小修项目。为节约维护作业时间,提高工作效率,在进行二级维护前应进行检测诊断和技术评定,以便结合二级维护一并进行。

❷ 汽车二级维护作业过程

汽车二级维护首先要进行检测。汽车进厂后,根据汽车技术档案的记录资料(包括车辆运行记录,维修记录,检测记录,总成修理记录等)和驾驶人反映的车辆使用技术状况(包括汽车动力性,异响,转向,制动及燃、润料消耗等)确定所需检测项目,依据检测结果及车辆实际技术状况进行故障诊断,从而确定附加作业。附加作业项目确定后与基本作业项目一并进行二级维护作业。二级维护过程中要进行过程检验,过程检验项目的技术要求应满足有关的技术标准或规范;二级维护作业完成后,应经维护企业进行竣工检验,竣工检验合格的车辆,由维护企业填写《汽车维护竣工出厂合格证》后方可出厂。

二级维护作业的工艺过程如图 3-1 所示。

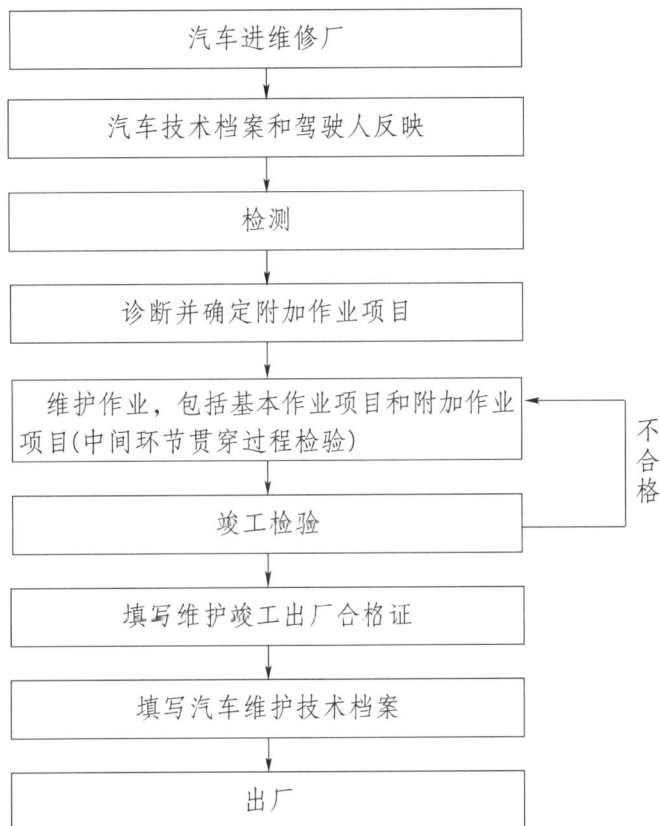

```
┌──────────────────┐
│     汽车进维修厂      │
└──────────────────┘
          ↓
┌──────────────────┐
│  汽车技术档案和驾驶人反映  │
└──────────────────┘
          ↓
┌──────────────────┐
│       检测        │
└──────────────────┘
          ↓
┌──────────────────┐
│  诊断并确定附加作业项目   │
└──────────────────┘
          ↓
┌──────────────────┐
│ 维护作业,包括基本作业项目和附加作业 │←──────┐
│ 项目(中间环节贯穿过程检验)  │       │ 不
└──────────────────┘       │ 合
          ↓               │ 格
┌──────────────────┐       │
│      竣工检验       │───────┘
└──────────────────┘
          ↓
┌──────────────────┐
│   填写维护竣工出厂合格证    │
└──────────────────┘
          ↓
┌──────────────────┐
│   填写汽车维护技术档案    │
└──────────────────┘
          ↓
┌──────────────────┐
│       出厂        │
└──────────────────┘
```

图 3-1　二级维护作业工艺流程图

本任务我们将汽车二级维护作业项目进行整合,并相应划分到不同的车辆被顶起的位置里,共有九个车辆停放位置,维护项目将被科学合理地整合到每一个车辆顶起位置,这样就把实际维修与课堂教学紧密结合在一起,学生踏入工作岗位即可参与实际生产作业。

❸ 顶起位置

完成整个二级维护作业有九个顶起位置,将在实训操作中做详细介绍。

二、实 践 操 作

(一)实训准备

(1)准备一台实训车辆,并将车辆停放在具有举升机的安全的维护工位。

(2)准备套筒、扭力扳手等汽车维护常用工量具一套,机油、机油滤清器、空气滤清器以及车辆防护件、手电筒、手套等维护检查时所需要的必须物品和辅料。

(3)准备作业记录单、记录板和记录笔等。

(二)注意事项

(1)不同车型,其零部件型号和安装位置不尽相同,需视具体车型或发动机系统调整检查的方法和步骤。

(2)在对车辆进行检查操作之前,确认拉紧驻车制动杆、确认换挡杆处于空挡或P挡位置,确保安全;车内需安装座椅套、转向盘套和地板垫以保持车内干净整洁;对发动机舱内进行检查操作之前,需安装好左右翼子板布、前格栅布,以保护车辆漆面。

(三)实训操作

本任务将整个二级维护作业按汽车维护常见的九个顶起位置分为五个子任务,分别从车辆外观与车辆内部、车辆底部、车轮与车轮制动系统、发动机舱部件、复检确认与路试的顺序一一进行介绍。

> ●学习提示
>
> 下文按照单工位、单人作业的实训教学方法编写,每个操作项目后面备有检查结果要求,符合条件(正常)的在前面的"□"内打"√",不符合条件(不正常)的在前面的"□"内打"×",留有空格的地方请按实际检查结果填写。

子任务1　车辆外观与车辆内部维护

【顶起位置一】

顶起位置一(举升机未举起,图3-2),主要工作有作业前期准备,检查驾驶室内各个系统、车辆外观、备胎等。

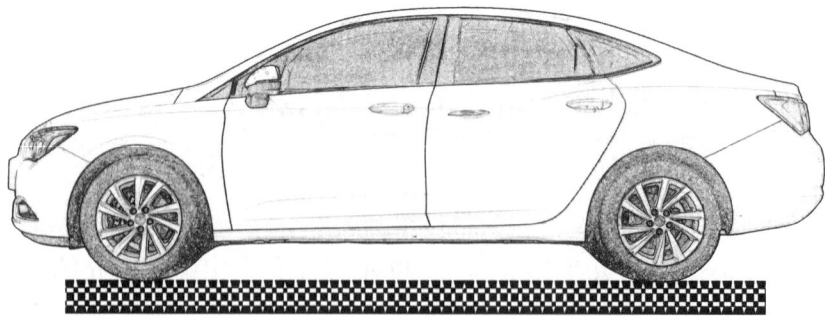

图3-2　顶起位置一

所需工具:直尺、深度尺、气压表、毛刷。

所需材料:抹布、车内用五件套、车外用三件套、肥皂水。

① 车辆防护

1）作业位置（一）：驾驶人座椅

（1）作业内容：安装车内防护五件套。

📄 **操作目的**

为了避免在后续操作时弄脏车辆，在对车辆操作前必须安装地板垫、座椅套、转向盘套、换挡杆套和驻车制动杆套，如图3-3所示，达到保护客户车辆的目的。

图3-3 车内防护

标准与结果记录：

□已安装地板垫　　　□已安装座椅套　　　　　□已安装转向盘套

□已安装换挡杆套　　□已安装驻车制动杆套

（2）作业内容：确认驻车制动状态与换挡杆位置。

📄 **操作目的**

确认驻车制动已施加，组合仪表上驻车制动指示灯点亮且按下驻车挡按钮，防止车内检查时车辆移位甚至滑落，造成危险。

标准与结果记录：

□已按下驻车挡按钮　　　□已施加驻车制动

（3）作业内容：拉起发动机舱盖释放杆。

📄 **操作目的**

释放发动机舱盖第一道锁。

标准与结果记录：

□已拉起发动机舱盖释放杆

2）作业位置（二）：车辆前部

（1）作业内容：打开发动机舱盖。

📖 **操作目的**

以便开展发动机舱内各项目的检查。

标准与结果记录：

☐已稳固支撑发动机舱盖(图3-4)

图3-4　支撑发动机舱盖及安装前格栅布

(2)作业内容：安装车外防护三件套。

📖 **操作目的**

防止车灯及漆面被油液腐蚀或硬物划伤。

标准与结果记录：

☐已安装左、右翼子板布　　☐已安装前格栅布(图3-4)

(3)作业内容：安装车轮挡块,安装尾气收集管。

📖 **操作目的**

防止车辆在维修过程中移动,造成事故;防止车辆尾气直接排入车间,伤害人的身体。

标准与结果记录：

☐已安装车轮挡块(图3-5)　　☐已安装尾气收集管(图3-6)

检查冷却液液位

❷ 安全检查

作业位置：发动机舱,如图3-7所示的部件位置。

(1)作业内容：检查发动机冷却液液位。

检查方法：目视检查发动机冷却液储液罐内的液位高度是否在上下刻度线之间,如图3-8所示。

标准与结果记录：

发动机冷却液液位处于_____,标准位置在 MAX(上限)与 MIN(下限)之间。

☐冷却液液位正常

图 3-5　安装车轮挡块

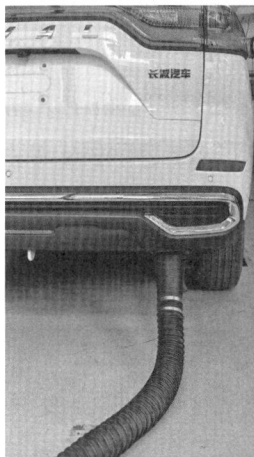

图 3-6　安装尾气收集管

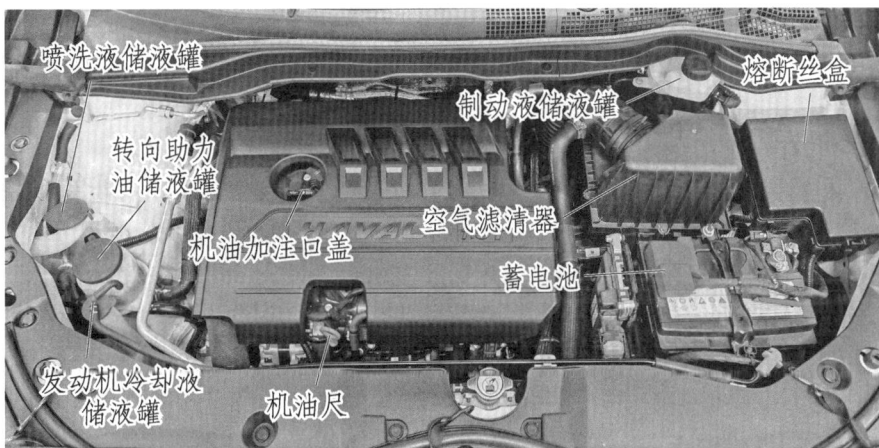

图 3-7　发动机舱布置

（2）作业内容：检查发动机机油液位。

检查方法：先将机油尺抽出并清洁，然后插入机油导管内（插到底），等待几秒后慢慢抽出，将机油尺倾斜一定角度（约 45°），目视检查机油液位是否处于最佳位置，如图 3-9 所示。

检查发动机机油

图 3-8　检查发动机冷却液

图 3-9　检查发动机机油

标准与结果记录：

发动机机油液位处于_____，最佳位置在机油尺上下刻度 3/4 处。

□机油液位正常

（3）作业内容：检查转向助力油液位及有无泄漏情况。

检查方法：目视检查转向助力油储液罐内的液位高度，观察其是否在上下刻度线之间，如图 3-10 所示。

标准与结果记录：

转向助力油液位处于_____，标准位置在 MAX（上限）与 MIN（下限）之间。

□转向助力油液位正常　　□转向助力油无泄漏

（4）作业内容：检查喷洗液液位。

检查方法：打开储液罐盖，目视检查喷洗液液位是否能被看到，如图 3-11 所示。

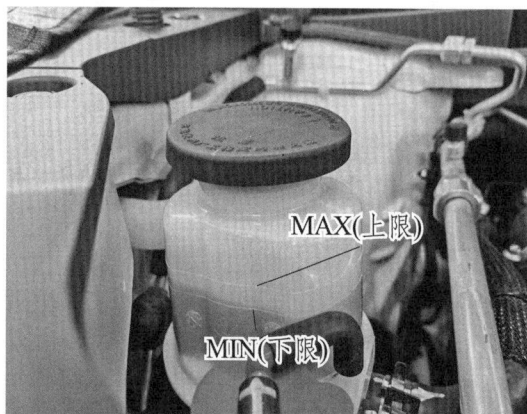

图 3-10　检查转向助力油液位　　　　图 3-11　检查喷洗液液位

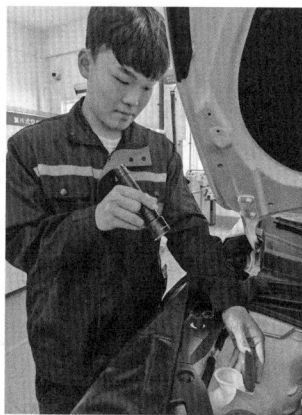

标准与结果记录：

□喷洗液位正常

（5）作业内容：检查制动液液位。

检查方法：目视检查制动液储液罐内液位高度是否在上下刻度线之间，如图 3-12 所示。

标准与结果记录：

制动液液位处于_____，标准位置在 MAX（上限）与 MIN（下限）之间。

□制动液液位正常

❸ 汽车灯光检查

📖 操作说明

　　汽车灯光的检查，需要两位同学配合完成，同学 A 在驾驶室内将点火开关旋至 ON 位置，操作相应开关，同时检查相应指示灯工作情况；同学 B 在车辆外部相应灯光处，检查相应被打开的灯的工作情况。按照车灯分布位置，先检查车辆前部的灯光，再检查车辆尾部的灯光。两人或多人配合是工作中常用的合作形式。因此，在学习中，应学会正确的表达沟通方式，并相互信任，培养团队协作能力。

作业位置：同学 A 操作位置——驾驶人座椅，如图 3-13 所示；同学 B 操作位置——车辆前部和后部,如图 3-14 所示。

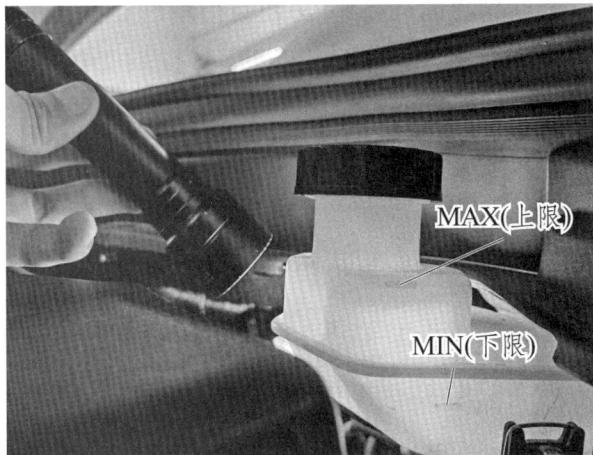

图 3-12 检查制动液

图 3-13 同学 A 操作位置

(1)作业内容:检查前示廓灯。

检查方法:同学 A 将灯光组合开关手柄旋至 ⊃O⊂ 挡位置,同学 B 目视检查前左、右示廓灯是否点亮,如图 3-15 所示。

图 3-14 同学 B 操作位置

图 3-15 车辆前部灯光

标准与结果记录:

□左前示廓灯点亮正常　　□右前示廓灯点亮正常　　□示廓灯指示灯点亮正常

(2)作业内容:检查前照灯近光。

检查方法:同学 A 将灯光组合开关手柄旋至 ≡D 挡位置,同学 B 目视检查左、右前照灯近光是否点亮,如图 3-15 所示。

标准与结果记录:

□左前照灯近光点亮正常　　□右前照灯近光点亮正常

(3)作业内容:检查前照灯远光。

检查方法:同学 A 将灯光组合开关手柄向垂直于转向盘的方向向下推至 ≡D 挡位置,同学 B 目视检查左、右前照灯远光是否点亮,如图 3-15 所示。

标准与结果记录：

□左前照灯远光点亮正常　　□右前照灯远光点亮正常　　□仪表板指示灯点亮正常

（4）作业内容：检查前照灯闪光。

检查方法：同学 A 将灯光组合开关手柄向垂直于转向盘的方向向上抬起后松开，同学 B 目视检查左、右前照灯闪光是否点亮。

标准与结果记录：

□左前照灯闪光正常　　□右前照灯闪光正常　　□仪表板指示灯闪亮正常

> **小提示**
>
> 前照灯闪光其实就是前照灯远光根据操作闪亮。

（5）作业内容：检查前雾灯。

检查方法：同学 A 将灯光组合开关手柄旋至 ⚡ 挡位置，同学 B 目视检查左、右前雾灯是否点亮，如图 3-15 所示。

标准与结果记录：

□左前雾灯点亮正常　　□右前雾灯点亮正常　　□仪表板指示灯点亮正常

（6）作业内容：检查转向灯。

检查方法：同学 A 将灯光组合开关手柄分别向平行于转向盘的方向，向下移至 ◄ 挡和向上移至 ► 挡位置，同学 B 目视检查前左、右转向灯是否闪亮，如图 3-15 所示。

标准与结果记录：

□左前、左侧转向灯闪亮正常　　□仪表板指示灯（左）闪亮正常
□右前、右侧转向灯闪亮正常　　□仪表板指示灯（右）闪亮正常

（7）作业内容：检查前部危险警告灯。

检查方法：同学 A 按下中央控制面板上 ⚠ 开关，同学 B 目视检查前部左、右转向灯是否闪亮。

> **小提示**
>
> 前部危险警告灯闪亮其实就是前部左、右转向灯同时闪亮。

标准与结果记录：

□危险警告灯闪亮正常　　□仪表板指示灯闪亮正常

（8）作业内容：检查后示廓灯。

检查方法：同学 A 将灯光组合开关手柄旋至 ⊡ 挡位置，同学 B 目视检查后左、右示廓灯是否点亮，如图 3-16 所示。

标准与结果记录：

□左后示廓灯点亮正常　　□右后示廓灯点亮正常

（9）作业内容：检查牌照灯。

检查方法：同学 A 将灯光组合开关手柄旋至 ⊡ 挡位置，同学 B 目视检查左、右牌照灯

是否点亮,如图 3-16 所示。

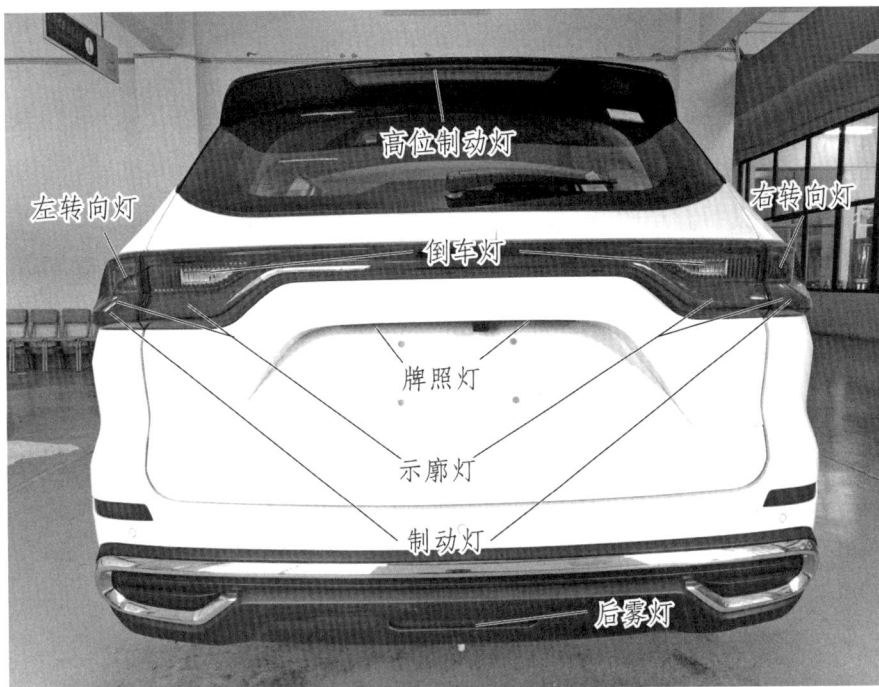

图 3-16　车辆后部灯光

标准与结果记录:

□牌照灯左侧点亮正常

□牌照灯右侧点亮正常

(10)作业内容:检查后雾灯。

检查方法:同学 A 将灯光组合开关手柄旋至 ▉ 挡位置,同学 B 目视检查后雾灯是否点亮,如图 3-16 所示。

标准与结果记录:

□后雾灯点亮正常

□仪表板指示灯点亮正常

(11)作业内容:检查转向灯。

检查方法:同学 A 将灯光组合开关手柄分别向平行于转向盘的方向,向下移至 ▉ 挡位置和向上移至 ▉ 挡位置,同学 B 目视检查后左、右转向灯是否闪亮,如图 3-16 所示。

标准与结果记录:

□左后转向灯闪亮正常　　　□仪表板指示灯(左)闪亮正常

□右后转向灯闪亮正常　　　□仪表板指示灯(右)闪亮正常

(12)作业内容:检查后部危险警告灯。

检查方法:同学 A 按下中央控制面板上 ▲ 开关,同学 B 目视检查后部危险警告灯是否闪亮。

标准与结果记录:

□后部危险警告灯闪亮正常

□仪表板指示灯闪亮正常

🔍 **小提示**

后部危险警告灯闪亮其实就是后部左、右转向灯同时闪亮。

(13)作业内容:检查制动灯。

检查方法:同学 A 踩下制动踏板,同学 B 目视检查左、右制动灯是否点亮,如图 3-16 所示。

标准与结果记录:

□左侧制动灯点亮正常　　□右侧制动灯点亮正常

🔍 **小提示**

制动灯与后示廓灯采用的是双丝灯泡,在同一个灯罩内,所以检查制动灯时应在后示廓灯亮起时检查,制动灯亮度比后示廓灯强,如图 3-16 所示。

(14)作业内容:检查倒车灯。

检查方法:同学 A 踩下制动踏板,将换挡杆置于 R 挡(倒车挡)位置,同学 B 目视检查倒车灯是否点亮,如图 3-16 所示。

标准与结果记录:

□倒车灯点亮正常　　□仪表板 R 挡指示灯点亮正常

(15)作业内容:检查转向开关自动返回功能。

检查方法:

a. 左转向自动返回功能:同学 A 将灯光组合开关手柄分别向平行于转向盘的方向,向下移至◀挡位置,同时向左打方向,然后再向右打方向,此时转向开关应能自动回到关闭挡。

b. 右转向自动返回功能:同学 A 将灯光组合开关手柄分别向平行于转向盘的方向,向上移至▶挡位置,同时向右打方向,然后再向左打方向,此时转向开关应能自动回到关闭挡。

标准与结果记录:

□左转向开关自动返回功能正常　　□仪表板左转向指示灯由点亮变熄灭正常

□右转向开关自动返回功能正常　　□仪表板右转向指示灯由点亮变熄灭正常

(16)作业内容:检查顶灯。

检查方法:同学 A 将前后顶灯开关置于 ON 挡位置,同时目视检查顶灯是否点亮。

标准与结果记录:

□顶灯点亮正常

(17)作业内容:检查组合仪表警告灯(点亮和熄灭)。

检查方法:同学 A 将点火开关分别置于 ON 挡和 START 挡(起动挡)位置,相应系统的警告灯是否按要求点亮和熄灭,如图 3-17 所示。

标准与结果记录:

□安全气囊故障警告灯"点亮→熄灭"正常

□防抱死制动系统(ABS)警告灯"点亮→熄灭"正常

□充电系统警告灯"点亮→熄灭"正常
□发动机维修警告灯"点亮→熄灭"正常
□发动机机油压力警告灯"点亮→熄灭"正常
□发动机故障警告灯"点亮→熄灭"正常

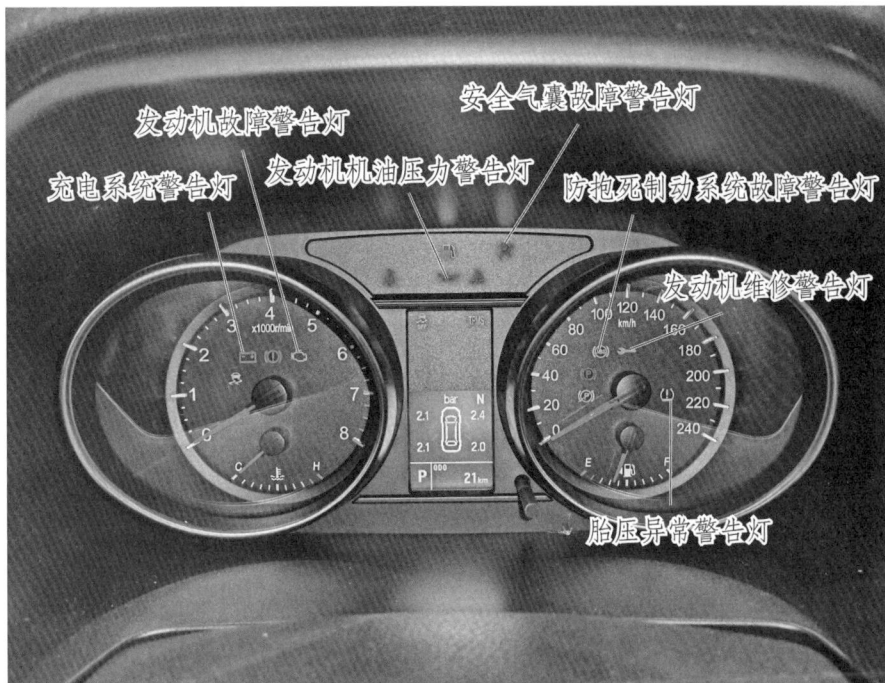

图 3-17 部分系统警告灯图标

④ 检查前风窗玻璃刮洗系统

作业位置:驾驶室内,如图 3-18 所示。

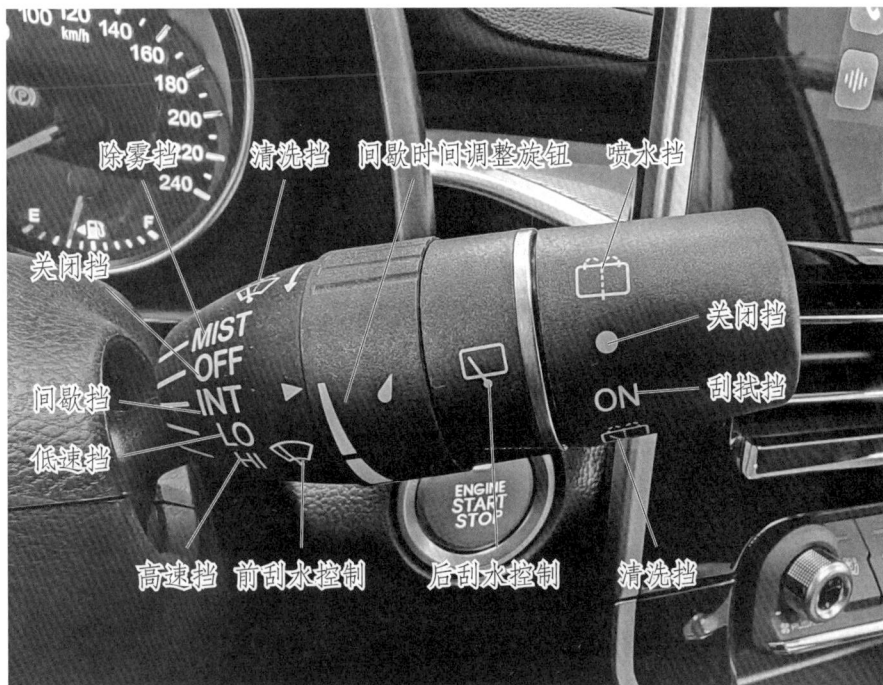

图 3-18 刮洗系统操作手柄

(1)作业内容:检查喷射力、喷射位置、喷射时刮水器联动(目测)。

检查方法:起动发动机,将刮水器开关手柄向垂直于转向盘的方向向上抬起后松开,同时观察前喷水器喷射力度、喷射位置及刮水器是否工作,如图3-19所示;操纵刮水器开关,检查后喷水器、刮水器工作情况,如图3-20所示。

图3-19　前刮水器和喷水器

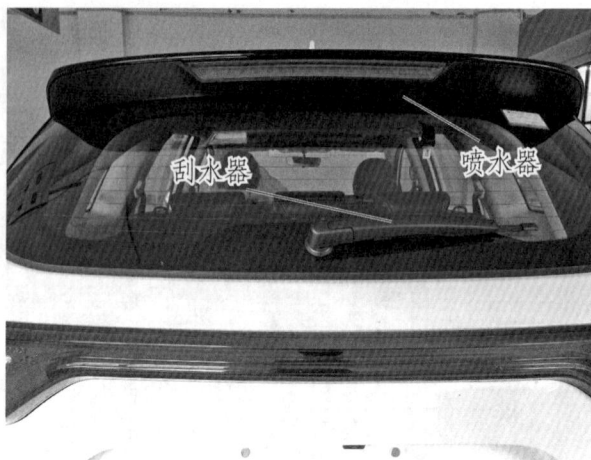

图3-20　后刮水器和喷水器

标准与结果记录:

□喷洗液喷射力正常　　　□喷射位置正常　　　□喷水时刮水器联动正常

(2)作业内容:调整风窗玻璃喷水器喷射位置。

调整方法:将一根与喷水器喷孔相匹配的竹签拆入喷水器喷嘴内,上下左右转动即可调整喷射位置。

(3)作业内容:检查前、后风窗玻璃刮水器工作情况。

检查方法:起动发动机,将刮水器开关手柄向平行于转向盘的方向分别置于除雾挡、"INT"(间歇挡)、"LO"(低速挡)、"HI"(高速挡)、"OFF"(关闭挡),以此检查前刮水器工作情况;转动后刮水器控制旋钮,检查后刮水器工作情况。

标准与结果记录:

前刮水器工作情况:□除雾功能正常　　□间歇功能正常　　　□低速正常
　　　　　　　　　□高速正常　　　　□自动回位位置正常　□刮拭状况良好

后刮水器工作情况:□刮拭状况良好　　□自动回位位置正常

❺ 检查制动系统

作业位置:驾驶室内。

(1)作业内容:检查驻车制动和仪表盘里的驻车制动器指示灯。

检查方法:踩下制动踏板,释放驻车制动,目视仪表板内驻车制动器指示灯是否熄灭。施加驻车制动,目视仪表内驻车制动指示灯是否点亮,如图3-21所示。

标准与结果记录:

□指示灯熄灭正常　　　□指示灯点亮正常

(2)作业内容:检查制动踏板。

检查方法:反复踩踏制动踏板,如图3-22所示。

图 3-21　检查驻车制动器

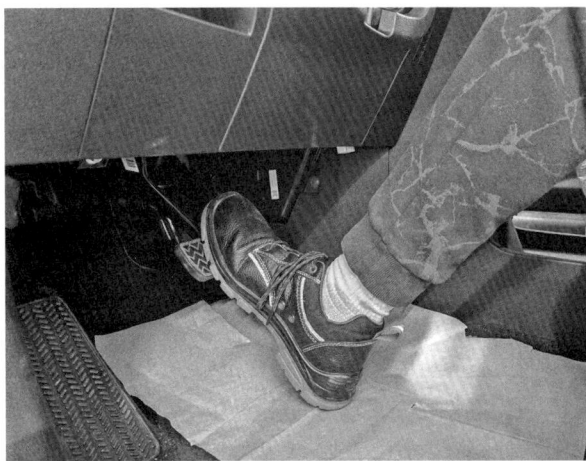

图 3-22　检查制动踏板

测量制动踏板高度

标准与结果记录：

☐制动踏板可以完全踩下　　　☐灵敏性正常

☐运动无异常噪声　　　　　☐无过度松动

（3）作业内容：测量制动踏板高度。

测量工具：直尺。

测量方法：将直尺垂直于制动踏板放置，读出从地板表面到制动踏板表面的距离，即为制动踏板高度，如图 3-23 所示。

标准与结果记录：

测量制动踏板高度为_____mm，正常值 123 ~ 130mm。

☐高度正常

（4）作业内容：测量制动踏板自由行程。

测量工具：直尺。

测量方法：起动发动机让其运转数秒后关闭发动机，反复踩踏制动踏板（配备液压制动助力器的车辆，至少踩踏 40 次，以便解除助力），将直尺垂直置于地板与踏板之间，用

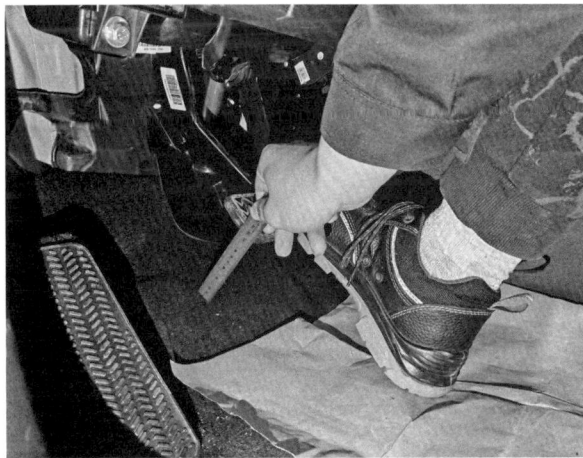

图 3-23　制动踏板测量

手指轻轻按压制动踏板直至阻力变大时停止，读出此时踏板高度，制动踏板正常高度与此时的高度之差即为制动踏板自由行程，如图 3-23 所示。

标准与结果记录：

制动踏板自由行程为_____mm，正常值为 10.3 ± 1mm。

☐制动踏板自由行程正常

（5）作业内容：检查制动助力器工作情况。

检查方法：右脚踩下制动踏板，并起动发动机，靠脚部感觉检查制动助力器下沉情况，如图 3-22 所示。

标准与结果记录：

□制动踏板有明显下沉感

(6)作业内容:真空助力器气密性检查。

检查方法:起动发动机,并运转1~2min,然后关闭发动机,发动机停机,踩压制动踏板数次(装有液压制动助力器的汽车,应当踩压制动踏板40次以上),踩压制动踏板时,应感觉制动踏板高度一次比一次高。

标准与结果记录:

□制动踏板高度一次比一次高,说明真空助力器气密性正常(图3-22)

6 检查转向盘

作业位置:驾驶室内。

(1)作业内容:检查喇叭工作情况。

检查方法:按下转向盘上的喇叭垫(开关),耳听喇叭是否鸣响,音调、音量是否稳定,松开喇叭垫,响声是否停止,如图3-24所示。

标准与结果记录:

□喇叭垫(开关)工作正常

□喇叭响声正常

(2)作业内容:检查转向盘的松弛和摆动。

检查方法:双手紧握转向盘,依次轴向地、垂直地或向两侧推拉转向盘,感觉转向盘是否松弛和摆动,如图3-25所示。

检查转向盘

标准与结果记录:

□转向盘无松弛和摆动情况

图3-24 检查喇叭	图3-25 检查转向盘

🔍 **小提示**

对于配备转向盘倾斜或伸缩功能的汽车,可将转向盘调整至任一位置并锁定,再检查松动情况。

(3)作业内容:检查点火开关在ACC位置时,转向盘可否自由转动。

检查方法:将点火开关开至LOCK(锁止)挡,让转向盘锁住,然后把点火开关置于ACC

挡,双手左右旋转转向盘,检查转向盘在点火开关处于 LOCK 挡时能否锁住,转向盘在点火开关处于 ACC 挡时能否自由转动。

标准与结果记录:

□锁止时不能转动转向盘,正常　　□解锁后转向盘可自由转动,正常

(4)作业内容:检查转向盘自由行程。

检查方法:转向盘打正,使车轮正对前方,从中间位置顺时针或逆时针转动转向盘至阻力增大时,检查转向盘自由行程,如图 3-26 所示。

标准与结果记录:

转向盘自由行程_____(°),转向盘自由行程最大值为向左或向右转角不大于 7.5°。

□转向盘自由行程正常

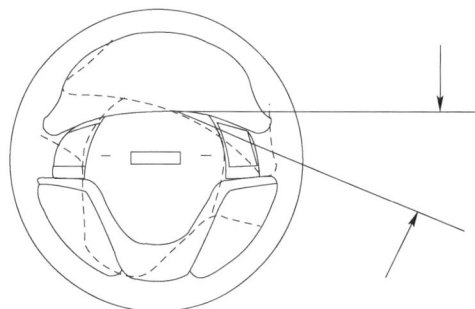

图 3-26　检查转向盘自由行程

7 外部检查准备

(1)作业内容:打开门控开关,将中部阅读灯调至中间位置,如图 3-27、图 3-28 所示。

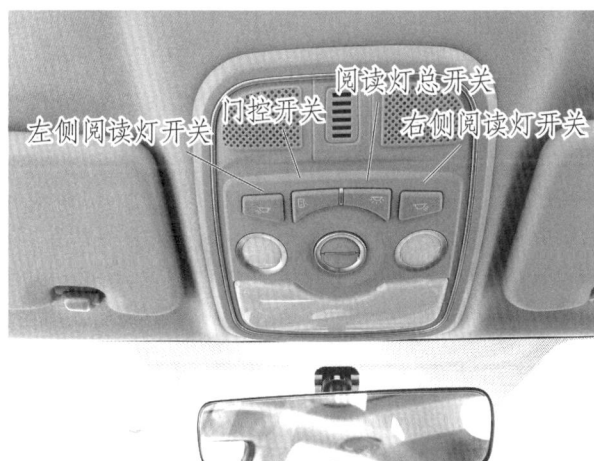

图 3-27　门控开关位置

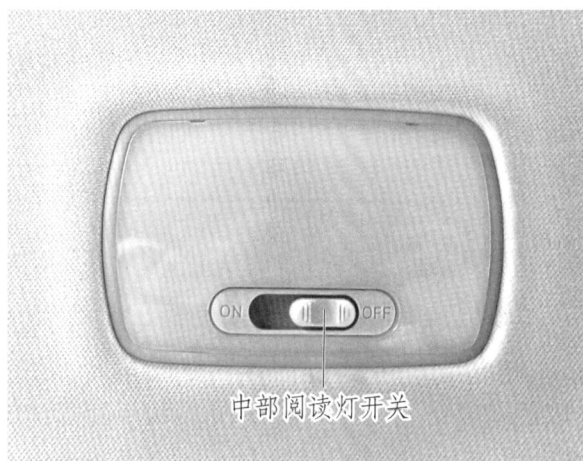

图 3-28　中部阅读灯

操作目的

为检查门控灯功能做准备。

操作方法:按下门控开关,将中部阅读灯调至中间位置。

标准与结果记录:

□已开启门控开关　　□已将中部阅读灯调至中间位置

(2)作业内容:释放驻车制动。

操作目的

便于转动车轮。

操作方法:踩下制动踏板,按下驻车制动键。

标准与结果记录:

□已释放驻车制动

8 检查车门、座椅、安全带

操作说明

此处介绍左前车门、座椅、安全带检查方法,左后、右后、右前检查方法一致,不再赘述,但实际工作中四个位置全部都要做。

作业位置:左前车门处。

(1)作业内容:检查左前门控灯开关工作情况(阅读灯和指示灯工作情况)。

检查方法:打开车门,目视检查阅读灯是否点亮、组合仪表内指示灯是否点亮;关闭车门,目视检查阅读灯是否熄灭、组合仪表内指示灯是否熄灭。

标准与结果记录:

□阅读灯点亮和熄灭正常

□仪表指示灯点亮和熄灭正常

□门控灯开关工作正常

(2)作业内容:检查左前车门的螺母和螺栓是否松动。

检查方法:双手分别扶住车门底部和侧面,上下抬动车门,感觉并观察车门螺母和螺栓是否松动,如图3-29所示。

标准与结果记录:

□左前车门螺栓、螺母无松动

(3)作业内容:检查左前座椅工作情况(电动座椅)。

检查方法:双手分别扶住座椅坐垫和座椅靠背并上下左右扳动,感觉座椅是否有松动(以此检查螺母螺栓连接情况);按下座椅前后调整按钮,观察座椅能否前后移动;按下座椅坐垫上下调整按钮,观察座椅坐垫能否上下移动;按下座椅靠背倾角调整按钮,观察座椅靠背倾角能否改变;按下座椅靠背腰部支撑角度调整按钮,观察座椅靠背腰部支撑角度能否改变;右手按下座椅头枕高度调节按钮,左手上下调整座椅头枕高度,头枕高度应能调节,如图3-30所示。

图3-29 检查车门螺母螺栓

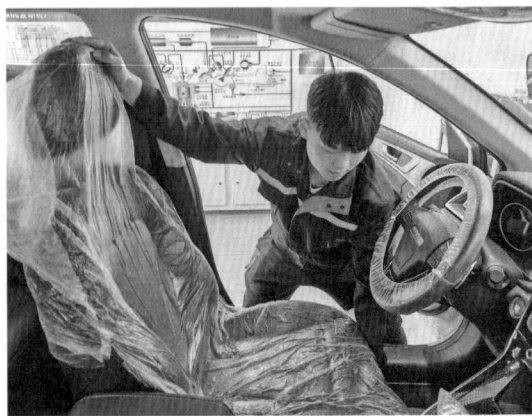

图3-30 检查座椅

标准与结果记录:

□左前座椅螺栓螺母无松动　　　　□前后调节功能正常

□高度调整功能正常　　　　　　　□靠背倾角调整功能正常

□靠背腰部支撑角度调整功能正常　　□头枕高度调整功能正常

（4）作业内容:检查座椅安全带工作情况。

检查方法:用力拉动安全带,检查安全带螺栓螺母是否松动;缓慢拉动安全带,检查安全带好坏及伸缩情况;迅速拉动安全带,检查安全带能否锁紧;上下扳动安全带高度调整器,检查其能否上下变换高度;将安全带插扣插入插座中,检查插入后能否锁死,组合仪表上安全带警告灯能否熄灭,如图3-31所示。

标准与结果记录:

□螺栓螺母无松动　　□带面完好　　　　□锁死功能正常

□高度调整功能正常　□插扣与插座工作正常　□仪表座椅安全带警告灯工作正常

⑨ 检查加油口盖

作业位置:加油口盖处。

（1）作业内容:检查加油口盖是否变形和损坏。

检查方法:旋下加油口盖,目视检查加油口盖及密封圈无变形和损坏;用手按压并旋转真空阀,检查是否锈蚀和粘住,如图3-32所示。

图3-31　检查安全带

图3-32　检查加油口盖损坏情况

标准与结果记录:

□加油口盖及密封圈无变形　　　□无损坏

（2）作业内容:检查力矩限制器工作情况。

检查方法:在旋紧加油口盖过程中,检查加油口盖被旋紧时能否听到"咔咔"声,如图3-33所示。

标准与结果记录:

□旋紧时听到"咔咔"声

（3）作业内容:检查连接状况。

检查方法:拉动旋紧后的加油口盖,确保加油口盖能被正确旋紧,如图3-33所示。

标准与结果记录:

☐加油口盖连接正常

⑩ 检查车灯总成

📋 **操作说明**

此处介绍后部车灯总成检查方法,前部车灯总成检查方法一致,不再赘述。

作业位置:车辆后部。

(1)作业内容:检查车灯安装状况。

检查方法:双手放在车灯总成表面,上下、左右摇动,感觉车灯安装是否有松动,如图3-34所示。

图 3-33　检查加油口盖连接情况

图 3-34　检查车灯

标准与结果记录:

☐左侧车灯无松动　　☐右侧车灯无松动

(2)作业内容:检查是否损坏和有污垢。

检查方法:由上到下、从左至右、由表及里目视车灯灯罩、反光镜无褪色、无水雾、无污垢和损坏,如图3-34所示。

检查车灯外观

标准与结果记录:

☐左侧车灯无损坏　　☐左侧车灯无污垢

☐右侧车灯无损坏　　☐右侧车灯无污垢

⑪ 检查后悬架

📋 **操作说明**

此处介绍后悬架检查方法,前悬架检查方法与其一致,不再赘述。

作业位置:车辆尾部。

(1)作业内容:检查减振器的阻尼状态。

检查方法:双手反复按压车身后部然后松开,目视车身上下波动状况,以及停止晃动所需时间,如图 3-35 所示。

标准与结果记录:

□左侧后减振器阻尼正常　　　□右侧后减振器阻尼正常

(2)作业内容:检查车辆倾斜度。

检查方法:在离车辆2m处,平视车辆,以车辆上下平分线和左右平分线为基准,目视车辆是否异常倾斜,如图 3-36 所示。

图 3-35　检查减振器阻尼状态

图 3-36　检查车辆倾斜度

标准与结果记录:

□车辆无异常倾斜

> 🔍 **小提示**
>
> 如果车辆倾斜,需验证:
>
> a. 轮胎气压是否一致。
>
> b. 左右轮胎或者车轮尺寸是否存在偏差。
>
> c. 是否存在不均匀的车辆负荷分配。

12 检查备用轮胎

作业位置:轮胎架上。

(1)作业内容:检查是否有裂纹和损坏、是否有异常磨损、是否嵌入金属颗粒和其他异物。

检查方法:双手扶住轮胎顺时针慢慢转动,目视检查胎面和胎壁,如图 3-37 所示。

标准与结果记录:

□无裂纹和损坏　　　□无异常磨损　　　□无金属颗粒或异物嵌入

(2)作业内容:检查轮辋是否变形和损坏。

检查方法:双手扶住轮胎顺时针慢慢转动,目视轮辋是否损坏、变形等,如图 3-37 所示。

标准与结果记录:

□无变形　　　□无损坏

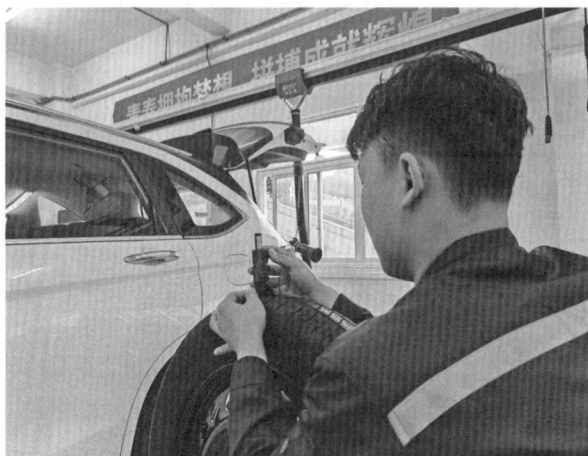

（3）作业内容:测量胎面沟槽深度。

测量工具:深度尺。

测量方法:

a. 清洁并校零深度尺。

b. 任意选择一个面,依次将深度尺垂直插入每个沟槽中,确保插入时深度尺的底端与沟槽最低点接触,此时视线与深度尺平行并读出数据,如图 3-38 所示。

图 3-37　检查胎面、胎壁及轮辋　　　　图 3-38　测量胎面沟槽深度

c. 确保测量轮胎至少 3 个面。

标准与结果记录:

轮胎胎面沟槽深度为＿＿＿＿＿＿ mm,正常值 1.6mm 以上。

□正常

（4）作业内容:检查是否漏气。

检查工具:毛刷、抹布、肥皂水。

检查方法:

a. 拧下气门嘴帽,用毛刷蘸肥皂水并涂抹于气嘴周围和轮辋与轮胎接触面,如图 3-39 所示。

b. 目视检查,有气泡产生,说明有漏气现象;无气泡产生,说明无漏气现象,用抹布将水渍擦净。

标准与结果记录:

□气门嘴处无泄漏

□轮辋与轮胎接触面无泄漏

（5）作业内容:检查气压。

检查工具:气压表。

检查方法:

a. 清洁并校零气压表。

b. 拧下气门嘴帽,将气压表上的连接口与气门嘴相连,确保连接正确,如图 3-40 所示。

c. 视线与气压表上的刻度表保持水平,读出此时数据即为轮胎气压。

图 3-39　检查轮胎漏气　　　　　　　　　图 3-40　测量轮胎气压

d.若气压过高,可按下气压表上的放气按钮,直到轮胎气压处于正常值;若气压过低,可将充有压缩空气的气管与气压表连接,然后捏住气压表上的加气手柄,即可加注空气,直到轮胎气压处于正常值。

标准与结果记录:

实际测量值_____,标准值 420kPa。

□正常

⑬ 检查行李舱门

作业位置:车辆尾部。

作业内容:检查行李舱门的螺母和螺栓是否松动。

检查方法:打开行李舱门,右手扶住行李舱门,左手拉动行李舱门左侧的螺母和螺栓连接处,检查有无松动;左手扶住行李舱门,右手拉动行李舱门右侧的螺母和螺栓连接处,检查有无松动,如图 3-41 所示。

标准与结果记录:

□无松动

⑭ 检查发动机舱盖

作业位置:车辆前部。

作业内容:检查发动机舱盖的螺母和螺栓是否松动。

检查方法:打开发动机舱盖,右手支撑舱盖,左手拉动舱盖右侧的螺母和螺栓连接处,检查有无松动;左手支撑舱盖,右手拉动舱盖左侧的螺母和螺栓连接处,检查有无松动,如图 3-42 所示。

标准与结果记录:

□发动机舱盖的螺母和螺栓无松动

⑮ 机油排放准备

(1)作业内容:拆卸机油加注口盖并置于材料车上。

标准与结果记录:

□已拆卸　　□已放置

图 3-41　检查行李舱门螺母螺栓

图 3-42　检查发动机舱盖螺母螺栓

(2)作业内容:在机油加注口处盖上抹布。

操作目的

拆卸机油加注口盖可以使机油排放更快更彻底;机油加注口盖上抹布,防止灰尘、异物落入,如图 3-43 所示。

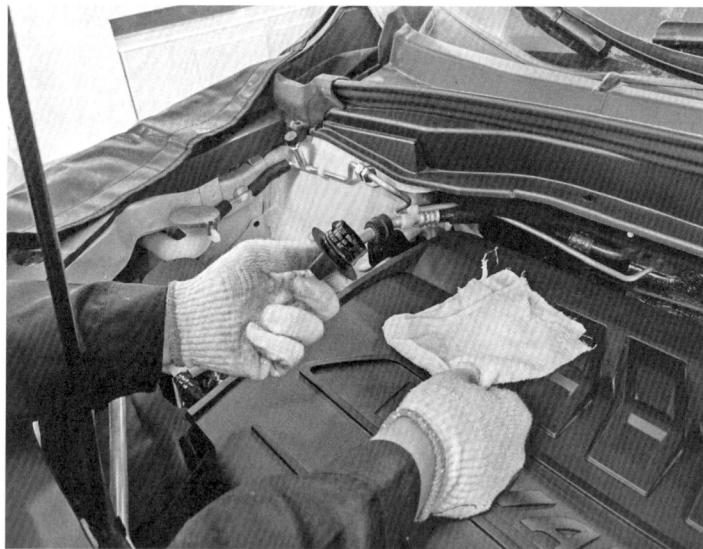
图 3-43　拆卸机油加注口盖并盖上抹布

标准与结果记录:

□已盖上抹布

子任务2　车辆底部维护

【顶起位置二】

顶起位置二(举升机稍稍升起,如图 3-44 所示),在此位置检查悬架球节。

所需工具:制动踏板压力器,8mm×200mm平口螺丝刀,200mm高的木块,躺板车。

检查材料:抹布、棉手套。

作业位置:底盘。

(1)作业内容:检查前下球节垂直游隙。

检查方法:

a.安装好制动踏板压力器,将车辆举升离地大约300mm后,将200mm高的木块分别垫在前左右车轮正下方,然后举升机降至车辆前悬架与前横梁之间不承受车辆重量时,关闭举升机。

b.利用躺板车进入车底,用8mm×200mm平口螺丝刀检查球节垂直游动间隙。

标准与结果记录:

□垂直游隙正常

(2)作业内容:检查防尘罩是否损坏。

检查方法:目视检查球节防尘罩是否裂纹、脱落及损坏。

标准与结果记录:

□无裂纹　　　□无损坏

【顶起位置三】

顶起位置三(举升机升起较高,如图3-45所示),检查车辆底盘部件检查、紧固螺栓、排放机油并更换机油滤清器。

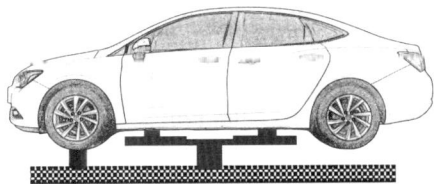

图3-44　顶起位置二　　　　图3-45　顶起位置三

检查工具:量程为40~340N·m扭力扳手,量程为10~100N·m扭力扳手,量程为4~25N·m扭力扳手,32件套,120件套,12件扳手组套,工作灯,机油滤清器拆装专用扳手组套。

检查材料:机油滤清器,排放塞衬垫,棉手套,防腐手套。

❶ **检查发动机机油泄漏情况及排放**

作业位置:底盘(车辆底部)。

检查工具:工作灯、指针式扭力扳手、14mm套筒。

检查材料:防腐手套、抹布。

(1)作业内容:检查发动机各部位是否漏油。

检查方法:戴上防腐手套,使用工作灯,目视检查发动机机油在各部位有无泄漏现象,如图3-46所示。

标准与结果记录:

□各配合表面无泄漏　　　□油封处无泄漏　　　□排放塞无泄漏

（2）作业内容：排放发动机机油。

排放方法：将指针式扭力扳手与14mm套筒正确连接；使用工具将排放塞拧松，然后用手将排放塞拆下（图3-47）；清洁排放塞。

标准与结果记录：

□发动机机油已排放

📋 **操作说明**

拆卸排放塞过程中，食指抵住排放塞，大拇指与中指慢慢向左（正对螺栓，左松右紧）旋出，当排放塞上的最后一道螺纹与油底壳上最后一道螺纹脱离时，迅速拿开排放塞，这样就不会使机油四溅。因此，应做到反复训练，培养精益求精的意识，以获取娴熟的技能动作。

图 3-46　检查机油泄漏情况

图 3-47　拆卸排放塞

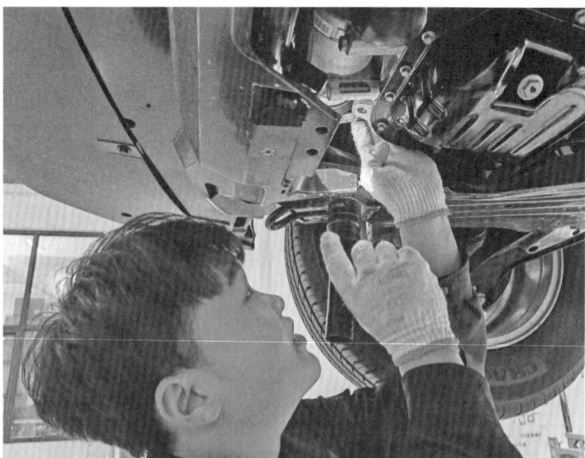

图 3-48　检查传动皮带

❷ **检查发动机传动皮带**

作业位置：底盘（车辆底部）。

检查工具和材料：工作灯、棉手套。

（1）作业内容：检查发动机传动皮带是否变形和损坏（磨损、裂纹、脱层或其他损坏）。

检查方法：目视检查传动皮带整个外围是否有变形、磨损、层离和其他损坏，如图3-48所示。

标准与结果记录：

□无变形　□无损坏　□无裂纹和脱层

🔍 **小提示**

如果无法检查传动皮带整个外围，则通过根据发动机转动方向转动曲轴带轮来进行全方位检查。

（2）作业内容：检查发动机传动皮带安装状况。

检查方法：戴上棉手套，使用工作灯，目视检查传动皮带是否正确安装在各带轮槽内。

标准与结果记录：

□传动皮带安装正常

（3）作业内容：检查发动机传动皮带张力。

a. 检查方法一：通过对维修手册中指定区域施加一定的力，感觉传动带松紧程度。此方法为经验检查法。

b. 检查方法二：使用张力计在指定区域测量传动带松紧程度。

标准与结果记录：

□张力正常

❸ 检查传动系统

作业位置：底盘（车辆底部）。

检查工具和材料：工作灯、防腐手套、棉手套。

（1）作业内容：检查自动驱动桥油在各部位是否漏油。

检查方法：戴上防腐手套，使用工作灯，目视检查自动驱动桥油在各部位有无泄漏现象，如图3-49所示。

标准与结果记录：

□各配合表面无泄漏　　　□轴和拉索伸出的区域无泄漏　　　□油封处无泄漏

□换挡阀与换挡拉索连接处无泄漏　　　□排放塞和加注口塞处无泄漏

□管件和软管连接处无泄漏　　　□自动变速器冷却管路无损坏

（2）作业内容：检查左右传动轴护套是否有裂纹、损坏和泄漏。

> **📑 操作说明**
>
> 检查每个驱动轴护套时，需缓慢转动车轮一圈，这样才能将护套检查全面；共需检查四个护套。全面细致的检查工作不仅决定工作的成效，还体现优质的服务。

检查方法：戴上棉手套，双手扳动轮胎，使其完全被转向一侧；使用工作灯，目视检查驱动轴内、外侧护套是否有裂纹、损坏和泄漏，如图3-50所示。

图3-49　检查驱动桥油泄漏情况

图3-50　检查驱动轴护套

标准与结果记录:

左侧内侧:□无裂纹 □无损坏 □无泄漏　　右侧内侧:□无裂纹 □无损坏 □无泄漏

左侧外侧:□无裂纹 □无损坏 □无泄漏　　右侧外侧:□无裂纹 □无损坏 □无泄漏

❹ 检查转向系统

作业位置:底盘(车辆底部)。

检查工具和材料:工作灯、棉手套。

检查转向连接机构

(1)作业内容:检查左右转向连接机构是否松动和摇摆。

检查方法:戴上棉手套,用手握住转向拉杆,分别从轴向和纵向摇动转向连接机构,感觉是否松动和摇摆,如图3-51所示。

标准与结果记录:

左侧:□无松动 □无摇摆　　右侧:□无松动 □无摇摆

(2)作业内容:检查左右转向连接机构是否弯曲和损坏。

检查方法:戴上棉手套,使用工作灯,目视检查转向连接机构是否异常弯曲或损坏。

标准与结果记录:

左侧:□无异常弯曲 □无损坏　　右侧:□无异常弯曲 □无损坏

(3)作业内容:检查防尘套是否有裂纹和损坏。

检查方法:戴上棉手套,使用工作灯,目视检查转向拉杆上的防尘套和转向拉杆球节上的防尘罩是否有裂纹或者损坏。

标准与结果记录:

左侧:□防尘套无裂纹和损坏　　□防尘罩无裂纹和损坏

右侧:□防尘套无裂纹和损坏　　□防尘罩无裂纹和损坏

❺ 检查制动系统

作业位置:底盘(车辆底部)。

检查工具和材料:工作灯,防腐手套。

作业内容:检查制动管路是否泄漏、损坏。

检查方法:戴上防腐手套,使用工作灯,从前左右制动器处到底盘中部再到后左右制动器处,依次目视检查制动管路是否有制动液泄漏;制动管路是否有凹痕或其他损坏;制动管路软管是否有扭曲、裂纹和凸起等现象;制动管道和软管安装是否松况,如图3-52所示。

图3-51　检查转向连接机构　　图3-52　检查制动管路

标准与结果记录:□无泄漏　　□无压痕和损坏　　□软管无扭曲和损坏　　□安装无松旷

> **🔍 小提示**
>
> 　　检查四个车轮处的制动软管时,前两个车轮需要手动扳动到任何一侧并旋转检查,后两个车轮只需旋转检查,以模拟行车状态,检查制动软管不会因为振动或旋转而与车轮或车身接触。

6 检查行驶系统

作业位置:底盘(车辆底部)。

检查工具和材料:工作灯,棉手套。

(1)作业内容:检查前悬架。

检查方法:戴上棉手套,使用工作灯,目视 + 拉动,检查前悬架各部件是否损坏或泄漏,如图 3-53 所示。

标准与结果记录:

左侧:□螺旋弹簧无损坏　　□减振器无损坏和泄漏　　□转向节无损坏

　　　□前下悬架臂无损坏　　□稳定杆无损坏　　　　□稳定杆连杆无损坏和松动

　　　□前横梁无损坏

右侧:□螺旋弹簧无损坏　　□减振器无损坏和泄漏　　□转向节无损坏

　　　□前下悬架臂无损坏　　□稳定杆连杆无损坏和松动

(2)作业内容:检查后悬架。

检查方法:戴上棉手套,使用工作灯,目视 + 拉动,检查后悬架各部件是否损坏或泄漏。

标准与结果记录:

左侧:□螺旋弹簧无损坏　　□减振器无损坏和泄漏　　□后桥横梁和托臂无损坏

右侧:□螺旋弹簧无损坏　　□减振器无损坏和泄漏

7 检查燃油管路

作业位置:底盘(车辆底部)。

检查工具和材料:工作灯,棉手套。

(1)作业内容:检查燃油是否泄漏。

检查方法:戴上棉手套,使用工作灯,目视检查整个燃油管路是否有燃油泄漏,如图 3-54 所示。

标准与结果记录:□燃油管路无泄漏。

(2)作业内容:检查燃油管路是否损坏和安装情况。

检查方法:戴上棉手套,使用工作灯,目视检查整个燃油管路是否损坏;用手拉动燃油管路检查是否松旷,如图 3-54 所示。

标准与结果记录:□燃油管路无损坏　　□燃油管路无松旷

8 检查排气管总成和安装件

作业位置:底盘(车辆底部)。

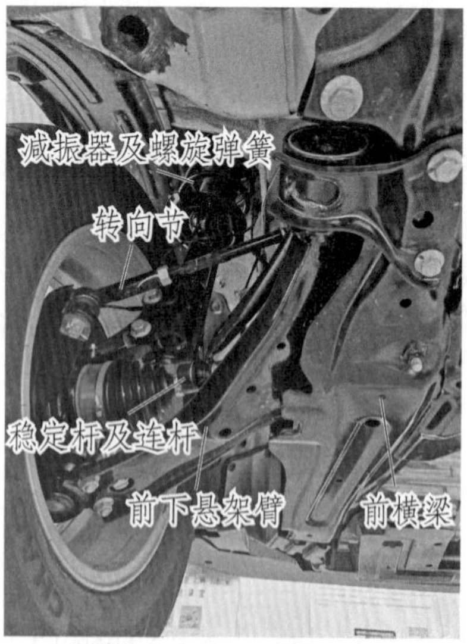

图 3-53　检查前悬架

减振器及螺旋弹簧
转向节
稳定杆及连杆
前下悬架臂　前横梁

图 3-54　检查燃油管路

检查工具和材料:工作灯,棉手套。

(1)作业内容:检查排气管总成是否损坏和泄漏。

检查方法:戴上棉手套,使用工作灯,从前到后目视检查排气管总成是否有损坏和泄漏现象,如图 3-55 所示。

标准与结果记录:

□排气管无泄漏　　　□排气管无损坏　　　□消声器无损坏和泄漏

□密封垫片无损坏　　□排气管无泄漏

(2)作业内容:检查排气管吊挂(O 形圈)是否损坏和脱落。

检查方法:戴上棉手套,使用工作灯,从前到后目视 + 手摇检查排气管支架上的 O 形圈是否损坏和脱落,如图 3-55 所示,手摇检查排气管时,需避免存在排气管余热烫伤的危险。

标准与结果记录:

□排气管吊挂(O 形圈)无损坏　　　□排气管吊挂(O 形圈)无脱落

❾ 更换发动机机油滤清器并安装紧固排放塞

作业位置:底盘(车辆底部)。

检查工具:量程为 4～25N·m 扭力扳手,指针式扭力扳手,14mm 套筒,机油滤清器专用拆装扳手。

检查材料:机油滤清器,排放塞衬垫,抹布。

(1)作业内容:更换发动机机油滤清器。

更换方法:

a. 使用机油滤清器拆装专用扳手将机油滤清器拆下,同时清洁机油滤清器座,如图 3-56 所示。

b. 在新机油滤清器密封圈上涂抹一层新机油,并尽可能多地往新机油滤清器中灌入新机油(减少发动机起动瞬间机件的磨损),如图 3-57 所示。

c. 用手将新机油滤清器安装在机油滤清器座上并旋紧。

图 3-55　检查排气管及安装件

图 3-56　拆卸机油滤清器

d. 紧固机油滤清器。

紧固方法一:将扭力扳手调整至 20N·m,并与机油滤清器拆装专用扳手(碗形)连接,然后紧固机油滤清器,当听到扭力扳手发出"嗒"响声即已紧固到规定力矩。

紧固方法二:将机油滤清器旋至与机油滤清器座贴紧后,使用记号笔在机油滤清器与机油滤清器座之间打一记号,然后再紧固 270°或 3/4 圈。

标准与结果记录:

□拆下机油滤清器　　　　　　□机油滤清器密封圈处涂新机油
□往机油滤清器里加注新机油　□安装机油滤清器　　□紧固机油滤清器

(2)作业内容:更换排放塞衬垫并安装紧固排放塞。

更换方法:将排放塞上的旧衬垫取出,并安装上新的垫片。

紧固方法:将排放塞拧入油底壳螺纹中,直至拧紧;将扭力扳手调整至 25N·m 并连接上 14mm 套筒,紧固排放塞,当听到扭力扳手发出"嗒"响声即已紧固到规定力矩,如图 3-58 所示。

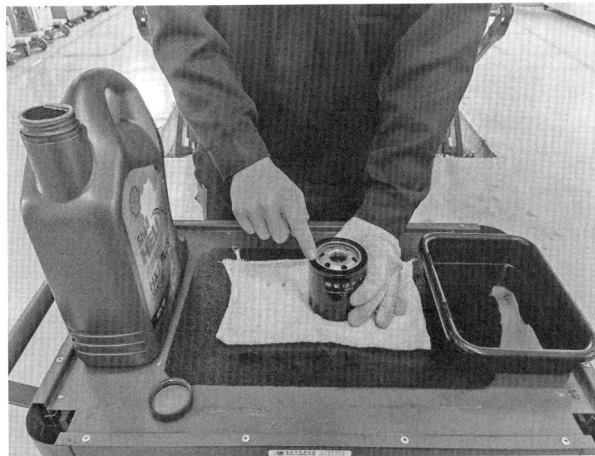

图 3-57　准备新机油滤清器

图 3-58　紧固机油排放塞

标准与结果记录:

□垫片已更换　　□排放塞已紧固

⑩ 底盘螺栓的紧固

作业位置:底盘(车辆底部)。

检查工具:量程为 40～340N·m 的扭力扳手,量程为 10～100N·m 的扭力扳手,32 件套,120 件套。

> **📑 操作说明**
>
> 由于在实际维修过程中,底盘螺栓螺母不易松动,所以没有必要用扭力扳手去紧固每颗螺母螺栓,可以选择梅花扳手等工具去检查螺母螺栓的紧固情况,如图 3-59 所示,发现有松动的螺母螺栓再使用扭力扳手调到规定力矩紧固螺母螺栓,如图 3-60 所示。在工作中灵活应变,做到具体问题具体分析,能很大程度提高工作效率。

图 3-59 使用梅花扳手检查螺母螺栓紧固度

图 3-60 使用扭力扳手紧固
螺母螺栓

作业内容与结果记录:

序号	紧固对象	使用工具	扭力值(N·m)	已紧固确认请打"√"
1				
2				
3				
4				
5				
6				
7				
8				
9				
10				

子任务 3　车轮与车轮制动维护

【顶起位置四】

顶起位置四(举升机升至中位,如图 3-61 所示),检查车轮轴承并拆检车轮和制动器。

检查工具:记号笔,气动扳手及专用套筒,磁力表座,百分表,深度规,气压表,毛刷,14mm 梅花扳手,直尺,螺旋测微计,量程 10～100N·m 扭力扳手,指针式扭力扳手,120件套。

检查材料:抹布,棉手套,肥皂水。

❶ 检查车辆轴承

作业位置:四个车轮处。

作业内容:检查车轮轴承有无摆动及转动情况。

检查方法:面向轮胎,将双手分别放在轮胎六点钟和十二点钟或九点钟和三点钟处,用力推拉轮胎,感觉是否有摆动;用力使轮胎高速转动,目视车轮转动状况,耳听是否有异常的噪声,如图 3-62 所示。

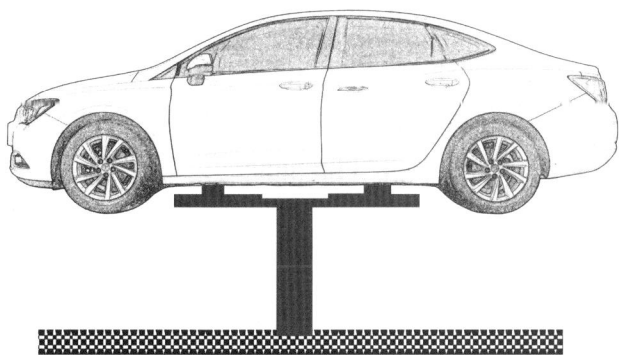

检查车轮轴承

图 3-61　顶起位置四　　　　图 3-62　检查车轮轴承

操作说明

出现摆动情况时,踏下制动踏板以相同方法再次检查,若摆动消失即为车轮轴承损坏,若摆动仍然存在就有可能是球节、主销或者悬架异常。

标准与结果记录:

检查项与填写要求	轴承是否松旷	转动状况是否正常	是否有异常噪声
	无松旷"√",有松旷"×"	正常"√",不正常"×"	无噪声"√",有噪声"×"
左前车轮			
右前车轮			

续上表

检查项与填写要求	轴承是否松旷	转动状况是否正常	是否有异常噪声
	无松旷"√",有松旷"×"	正常"√",不正常"×"	无噪声"√",有噪声"×"
左后车轮			
右后车轮			

❷ 拆卸车轮

所需工具:记号笔,气动扳手及专用19mm套筒。

作业位置:四个车轮处。

作业内容与顺序如下。

(1)气动扳手的准备。

①调试气动扳手时,不能把套筒连接在气动扳手上;不对着有人的方向;气动扳手的旋转力应适当,不能太大。

②在拆卸时,应保证套筒与螺帽连接可靠。

(2)给车轮做上标记。

(3)应对角依次拆下螺母,拆下的螺母放置在材料车上。

(4)该项目应双人合作完成(一人扶住车轮,一人拆卸螺母)。

标准与结果记录:

□气动扳手方向正确、扭力大小适中　　　□已给车轮做标记
□套筒与螺母完全结合　　□双人配合　　□已拆卸并放置

❸ 检查四个车轮

📖 操作说明

四个车轮检查方法,参见备用轮胎的检查方法,这里不再一一列举。

❹ 拆卸制动卡钳及支架并检查制动器

所需工具:120件套,S钩,直尺,螺旋测微器,磁力表座,百分表,指针式扭力扳手。

作业位置:四个制动卡钳处。

(1)作业内容:拆卸制动卡钳及支架。

拆卸方法:分别用14mm梅花扳手+19mm开口扳手、13mm梅花扳手+15mm开口扳手拆下前、后轮制动卡钳的连接螺栓,如图3-63所示;制动卡钳拆下后,用"S"钩将其挂在减振器螺旋弹簧上(防止意外落下伤人);拆下制动器摩擦片(图3-64)及其固定弹簧;使用指针式扭力扳手+17mm套筒拆卸左前、右前制动卡钳支架,使用指针式扭力扳手+15mm套筒拆卸后制动卡钳支架。

标准与结果记录:

左前制动器卡钳及支架:□卡钳已拆卸　　□可靠悬挂　　□卡钳支架已拆卸
右前制动器卡钳及支架:□卡钳已拆卸　　□可靠悬挂　　□卡钳支架已拆卸

左后制动器卡钳及支架：□卡钳已拆卸　　□可靠悬挂　　□卡钳支架已拆卸
右后制动器卡钳及支架：□卡钳已拆卸　　□可靠悬挂　　□卡钳支架已拆卸

图 3-63　拆下制动卡钳

图 3-64　拆下制动器摩擦片

（2）作业内容：检查制动卡钳处有无制动液泄漏。

检查方法：目视制动卡钳上的制动分泵泵体、活塞、密封圈处有无制动液泄漏；密封圈是否损坏，如图 3-65 所示。

标准与结果记录：

左前制动器卡钳：□泵体无泄漏□活塞处无泄漏□密封圈处无泄漏□密封圈无损坏
右前制动器卡钳：□泵体无泄漏□活塞处无泄漏□密封圈处无泄漏□密封圈无损坏
左后制动器卡钳：□泵体无泄漏□活塞处无泄漏□密封圈处无泄漏□密封圈无损坏
右后制动器卡钳：□泵体无泄漏□活塞处无泄漏□密封圈处无泄漏□密封圈无损坏

（3）作业内容：检查制动器摩擦片的不均匀磨损。

检查方法：目视检查摩擦片表面磨损是否均匀（偏磨、沟槽），如图 3-66 所示。

图 3-65　检查制动卡钳处制动液泄漏情况

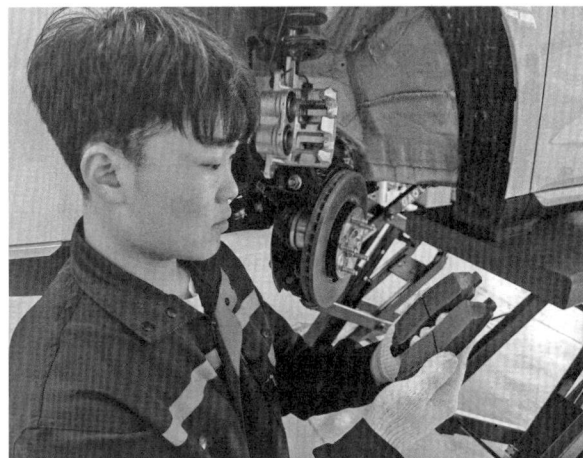

图 3-66　检查制动器摩擦片磨损情况

标准与结果记录：

左前制动器摩擦片：□无偏磨　　□无沟槽
右前制动器摩擦片：□无偏磨　　□无沟槽

左后制动器摩擦片:□无偏磨　□无沟槽

右后制动器摩擦片:□无偏磨　□无沟槽

(4)作业内容:测量制动器摩擦片厚度。

测量方法:选取摩擦片的任一点,用直尺测量摩擦片的厚度,至少选取三个点来测量,如图 3-67 所示。

标准与结果记录:

左前制动器:摩擦片厚度_____mm,□正常

右前制动器:摩擦片厚度_____mm,□正常

左后制动器:摩擦片厚度_____mm,□正常

右后制动器:摩擦片厚度_____mm,□正常

> **小提示**
>
> 摩擦片标准厚度:前轮为 2~12mm;后轮为 2~11mm。

(5)作业内容:检查盘式制动盘磨损和损坏。

检查方法:在旋转制动盘一周的过程中,目视检查制动盘是否损坏(偏磨、沟槽),如图 3-68 所示。

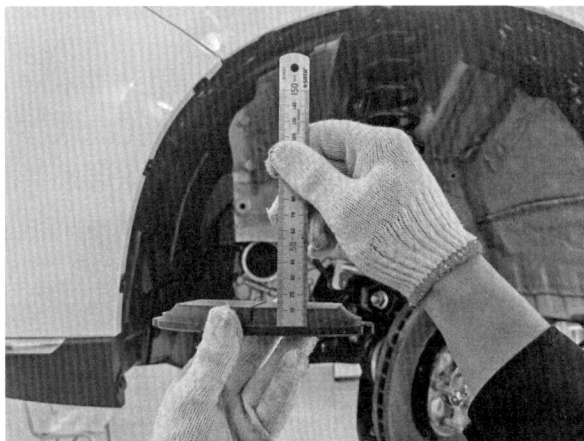

图 3-67　测量制动器摩擦片厚度

图 3-68　检查制动盘磨损情况

标准与结果记录:

左前制动盘:□无偏磨　　□无沟槽

右前制动盘:□无偏磨　　□无沟槽

左后制动盘:□无偏磨　　□无沟槽

右后制动盘:□无偏磨　　□无沟槽

(6)作业内容:测量盘式制动盘厚度。

> **操作说明**
>
> 测量前应先用抹布清洁,以免影响测量结果,测量结束后,应用干净的抹布清洁外径千分尺。规范的操作工艺是保障产品质量的基础,在学习过程中,应注重自身规范意识的培养。

测量方法:使用螺旋测微器任意测量制动盘上的三点,取其平均值,从三点的测量值判断是否有不均匀磨损,如图 3-69 所示。

标准与结果记录:

左前制动器:制动盘厚度＿＿＿＿mm,□正常

右前制动器:制动盘厚度＿＿＿＿mm,□正常

左后制动器:制动盘厚度＿＿＿＿mm,□正常

右后制动器:制动盘厚度＿＿＿＿mm,□正常

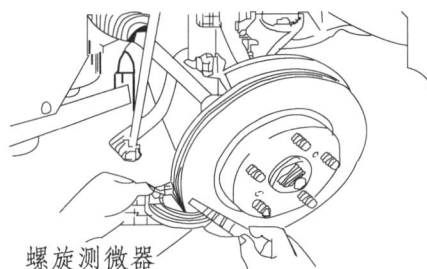

图 3-69　测量制动盘厚度

🔍 **小提示**

（前轮）新件厚度:28.0mm,最小厚度:26mm;（后轮）新件厚度:12mm,最小厚度:10mm。

（7）作业内容:检查盘式制动盘圆跳动量。

检查方法:

①用 SST 固定制动盘,并用 110N·m 的力紧固制动盘 3 个螺母,如图 3-70 所示。

②用百分表在距离制动盘外缘 10mm 的地方测量制动盘的径向跳动,如图 3-71 所示。

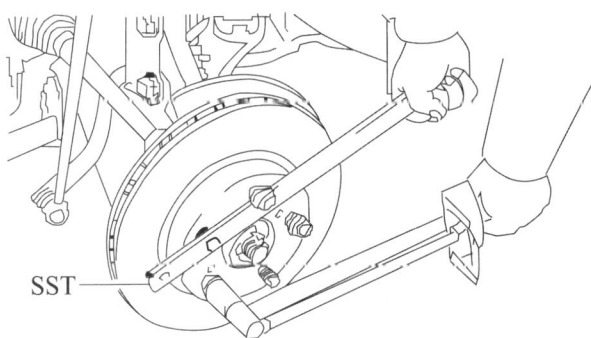

图 3-70　固定转子盘

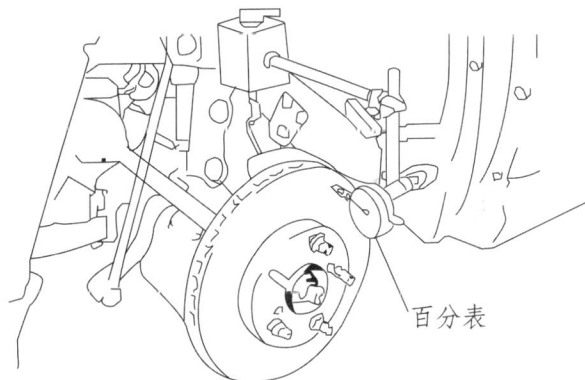

图 3-71　测量转子盘圆跳动量

标准与结果记录:

左前制动器:制动盘跳动量＿＿＿＿mm,□正常

右前制动器:制动盘跳动量＿＿＿＿mm,□正常

左后制动器:制动盘跳动量＿＿＿＿mm,□正常

右后制动器:制动盘跳动量＿＿＿＿mm,□正常

🔍 **小提示**

制动盘最大径向跳动:前轮制动盘为 0.04mm;后轮制动盘为 0.06mm。如果径向跳动超过最大值,可通过改变车桥轮毂上制动盘的安装位置来减小径向跳向,如果安装位置改变后径向跳动仍超过最大值,则研磨制动盘。如果制动盘厚度小于最小值,更换制动盘。

---

⑤ 安装制动卡钳支架、摩擦片、制动卡钳

检查工具:10~100N·m扭力扳手,40~340N·m扭力扳手,120件套。

(1)作业内容:安装制动卡钳支架。

安装方法:用手旋紧四个制动卡钳支架固定螺栓,将40~340N·m扭力扳手调至160N·m+18mm套筒,将左前、右前制动卡钳支架固定螺栓紧固;将40~340N·m扭力扳手调至100N·m+15mm套筒,将左后、右后制动卡钳支架固定螺栓紧固。

标准与结果记录:

左前制动卡钳:□支架已紧固

左后制动卡钳:□支架已紧固

右前制动卡钳:□支架已紧固

右后制动卡钳:□支架已紧固

(2)作业内容:安装固定弹簧及摩擦片。

安装方法:用手将四个制动摩擦片可靠安装至摩擦片固定槽中。

标准与结果记录:

左前制动器摩擦片:□已安装到位

右前制动器摩擦片:□已安装到位

左后制动器摩擦片:□已安装到位

右后制动器摩擦片:□已安装到位

(3)作业内容:安装制动卡钳。

安装方法:用手旋紧四个制动卡钳固定螺栓,将10~100N·m扭力扳手分别调至45N·m+14mm套筒+19mm开口扳手、35N·m+13mm套筒+15mm开口扳手,将前、后制动卡钳固定螺栓紧固,如图3-72所示。

标准与结果记录:

左前制动卡钳:□已紧固　　右前制动卡钳:□已紧固

左后制动卡钳:□已紧固　　右后制动卡钳:□已紧固

【顶起位置五】

顶起位置五(举升机升至低位,如图3-73所示),检查制动器阻滞并安装制动液添加工具。

图3-72　安装制动卡钳　　　　　　　　图3-73　顶起位置五

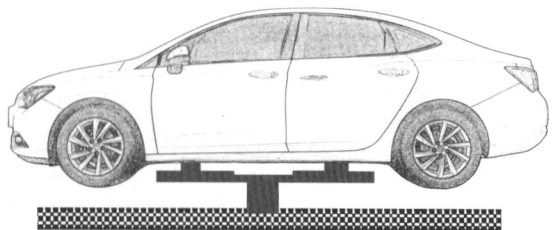

检查工具：制动液抽吸工具，制动液添加工具，防腐手套。

检查材料：制动液(2L 装)1 瓶。

❶ 检查制动器拖滞情况

作业位置：同学 A——驾驶员座椅；同学 B——四个制动器处。

(1)作业内容：操作制动踏板和驻车制动杆(拖滞检查准备工作)。

操作方法：同学 A 拉起驻车制动杆后释放驻车制动杆，重复数次。然后踩踏制动踏板数次，以便使制动摩擦片靠紧制动盘或制动鼓。

标准与结果记录：

□已拉紧驻车制动器　　□已踩踏制动踏板数次

(2)作业内容：检查制动器拖滞。

检查方法：按照左前、左后、右前、右后的顺序，同学 A、B 配合检查各制动器拖滞情况，同学 A 负责拉起或放松驻车制动器和踏下或松开制动踏板；同学 B 负责转动每个制动盘，感觉是否有任何拖滞现象，如图 3-74 所示。

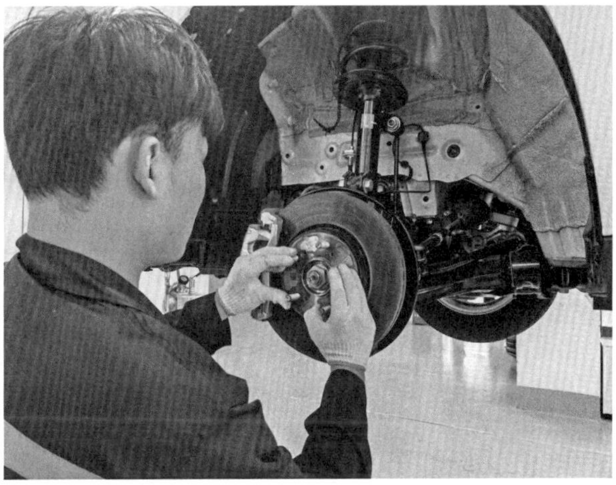
图 3-74　检查制动拖滞

标准与结果记录：

左前制动器：□无拖滞现象

左后制动器：□无拖滞现象

右前制动器：□无拖滞现象

右后制动器：□无拖滞现象

❷ 安装制动液添加工具

作业位置：发动机舱。

作业内容：安装制动液添加工具。

操作方法：拆下制动液储液罐的盖子，将制动液添加工具安装在制动液储液罐上。

标准与结果记录：

□已安装制动液添加工具

【顶起位置六】

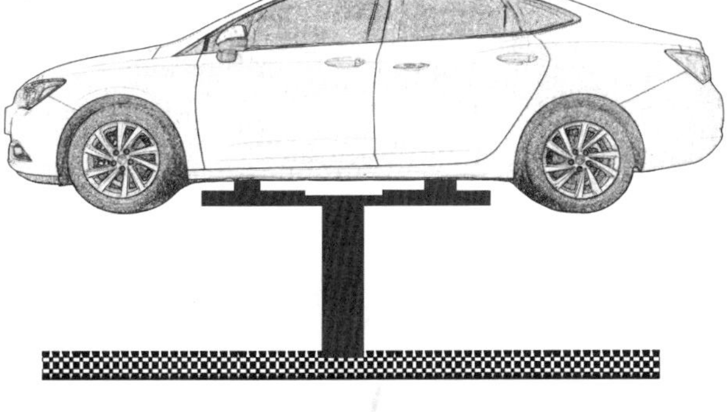
图 3-75　顶起位置六

顶起位置六(举升机升至中位，如图 3-75 所示)，更换制动液并安装车轮。

检查工具：10mm 梅花扳手，制动液回收专用工具，气动扳手及 19mm 套筒。

检查材料：防腐手套，抹布。

❶ 排放旧制动液

作业位置：四个制动器处。

作业内容：排放旧制动液。

操作方法:将制动液回收软管与制动液排放孔连接好,用 10mm 梅花扳手拧松制动液排气螺栓,排放制动液,结束后拧紧螺栓。按照右后、左后、右前、左前的顺序排放制动液。

标准与结果记录:

左前轮制动液:□已排放　　左后轮制动液:□已排放

右前轮制动液:□已排放　　右后轮制动液:□已排放

> **小提示**
>
> 制动液的更换可由单人完成,也可由双人配合完成,书中采用的是单人完成制动液更换的方法。

❷ 车轮临时安装

作业位置:四个车轮处。

作业内容:安装车轮

安装方法:将车轮可靠安装在轮毂螺栓上,用手将螺母上紧,再用摇杆依次对角紧固螺母,如图 3-76 所示。

图 3-76　安装车轮

标准与结果记录:

左前车轮与螺母:□已安装　　左后车轮与螺母:□已安装

右前车轮与螺母:□已安装　　右后车轮与螺母:□已安装

子任务 4　发动机舱部件维护

【顶起位置七】

顶起位置七(举升机升至低位,轮胎触及地面,如图 3-77 所示)。加注发动机机油、检查并更换空气滤清器芯、紧固轮毂螺母、检查制冷剂量等。

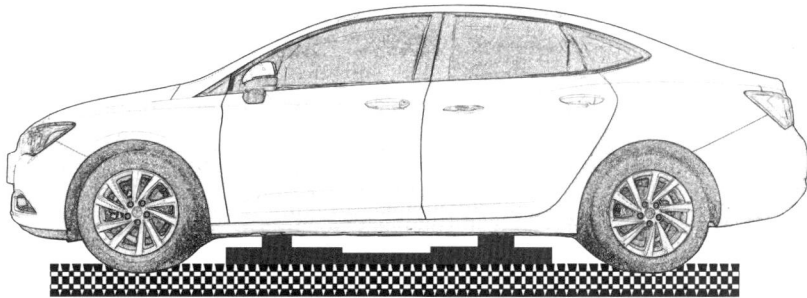

图 3-77 顶起位置七

检查工具:漏斗,手电筒,冰点仪,量程为 40~340N·m 的扭力扳手,120 件套,火花塞间隙规,冷却液收集器,管箍钳,吹尘枪。

检查材料:蒸馏水 1 瓶,机油(4L 装)2 桶,空气滤清器芯 1 个,棉手套,防腐手套。

❶ 维护准备工作

作业位置:驾驶室内和车轮处。

作业内容:维护前的准备。

标准与结果记录:

□将换挡杆置于 P 挡位置　　　□拉紧驻车制动杆　　　□放置车轮挡块

加注发动机机油

❷ 加注发动机机油

作业位置:发动机舱。

(1)作业内容:加注发动机机油。

加注方法:将漏斗安装在机油加注口处,加注新机油,如图 3-78 所示。

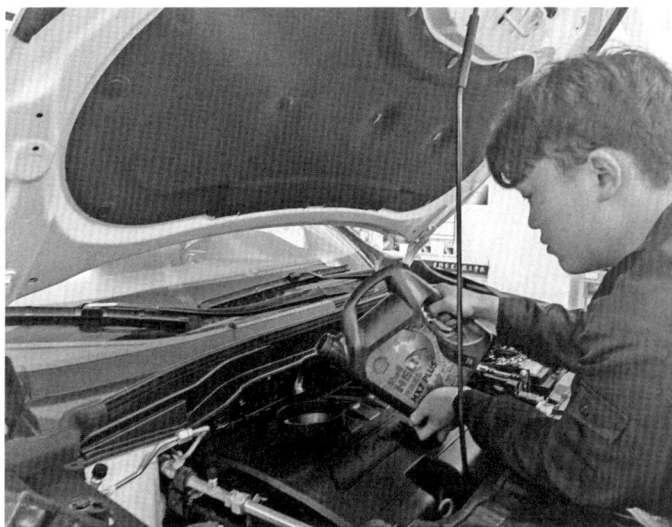

图 3-78 加注发动机机油

标准与结果记录:

发动机机油加注量为_____L,□已加注

小提示

机油加注量:排放彻底后加注3.8L。

(2)作业内容:检查机油液位。

操作目的

初步判断机油是否流至发动机润滑系统,是否达到起动要求,如图3-79所示。

图3-79 检查机油液位

标准与结果记录:

□已检查机油液位位置,正常

(3)作业内容:紧固机油加注口盖。

标准与结果记录:

□已紧固机油加注口盖

3 更换发动机冷却液

作业位置:发动机舱。

(1)作业内容:排放发动机冷却液。

排放方法:

a.将冷却液回收盆置于散热器下方排放塞处;

b.拧开冷却系统压力盖(拧开时应用湿抹布盖住压力盖,先拧松45°释放压力,再拧松45°再释放压力,最后拆下压力盖),如图3-80所示;

c.使用管箍钳将冷却液排放塞或散热器下水管上的管箍拆下,排尽冷却液,如图3-81所示;

d.将冷却液储液罐与散热器的连接软管断开,以便排出储液罐里的冷却液;

e.用水冲洗冷却系统;

f.连接好冷却系统管路(橡胶软管、夹箍等)。

安全注意事项:

不要在汽车刚运行后立即进行以上工作,因为冷却液将会很烫且压力很大。

图 3-80　冷却液加注口及散热器盖位置

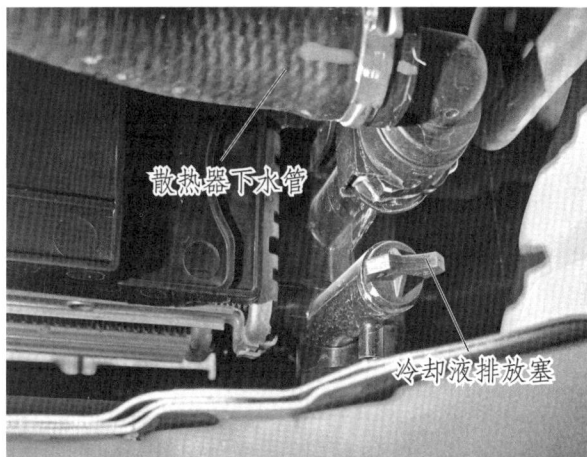

图 3-81　冷却液排放塞及散热器下水管位置

标准与结果记录：

□已放置冷却液回收盆　　□已拆卸压力盖　　□已排放冷却液

□已清洗冷却系统　　□已连接管路

🔍 **小提示**

收集冷却液和清洗水，并且将其当作工业废水处理以便保护环境。

（2）作业内容：加注发动机冷却液。

加注方法：将漏斗安装在散热器的加注口或冷却液储液罐上，缓慢加注新的发动机冷却液，直到冷却液储液罐内的冷却液液位达到上下刻度线之间，安装冷却液盖加注口。

标准与结果记录：

新冷却液液位高度处于＿＿＿＿＿＿＿＿，□正常

（3）作业内容：紧固冷却系统压力盖。

标准与结果记录：

□已紧固冷却系统压力盖

❹ 检查并更换火花塞

作业位置：发动机舱。

（1）作业内容：检查火花塞。

检查方法：针对新的火花塞，如图 3-82 所示，做如下检查。

a.电极检查，目视检查火花塞电极边缘是否未被完全磨掉或者变圆；

b.测量火花塞间隙，使用一个火花塞间隙规测量中央电极和接地电极之间的间隙是否在规定值内，如果不在规定值内，调整或更换；

c.目视检查绝缘体是否与电极咬住；

d.目视检查绝缘体是否裂纹、端子是否腐蚀、螺纹是否损坏；

e.清洁，如果电极上有湿炭痕迹，用抹布擦干并用火花塞清洁器清洁。

标准与结果记录：

□电极正常　　□电极间隙正常　　□绝缘部分无损坏　　□碳痕已清除

（2）作业内容:更换火花塞。

更换方法:使用工具将旧火花塞拆下,并安装新火花塞,紧固至规定力矩,如图 3-83 所示。

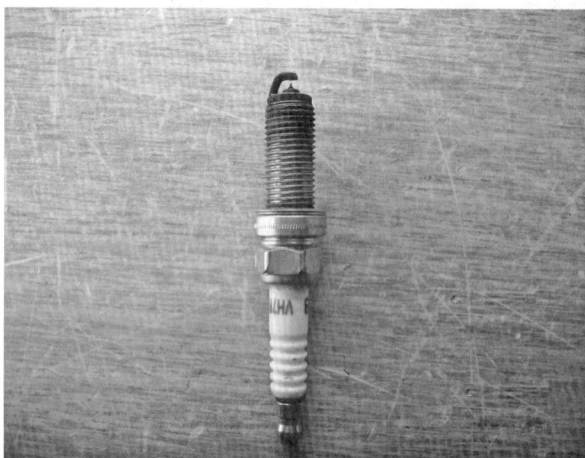

图 3-82　火花塞

图 3-83　安装火花塞

标准与结果记录:

□已更换,安装好新火花塞

5 检查并更换空气滤清器芯

作业位置:发动机舱。

（1）作业内容:检查并清洁空气滤清器芯。

操作方法:拆下空气滤清器芯,如图 3-84 所示。目视检查空气滤清器滤芯是否有灰尘、积聚颗粒或者破裂;使用吹尘枪吹掉空气滤清器芯上的灰尘,如图 3-85 所示。

图 3-84　拆卸空气滤清器芯

图 3-85　清洁空气滤清器芯

📑 **操作说明**

使用吹尘枪吹空气滤清器芯时,要注意方向和距离,应从滤芯进气的相反方向吹入压缩空气且吹尘枪口距离滤芯 10cm 以上。

标准与结果记录:

□空气滤清器芯已检查,无损坏　　　□已清洁

（2）作业内容：清洁空气滤清器壳体内部。

清洁方法：使用抹布把空气滤清器壳体内部擦干净。

标准与结果记录：

□空气滤清器壳体内部已清洁

（3）作业内容：更换空气滤清器芯。

更换方法：正确将空气滤清器芯安装在空气滤清器壳体内。

标准与结果记录：

□已更换新的空气滤清器芯

🔍 **小提示**

安装时请注意方向。

⚙ 检查蓄电池

作业位置：发动机舱，如图 3-86 所示。

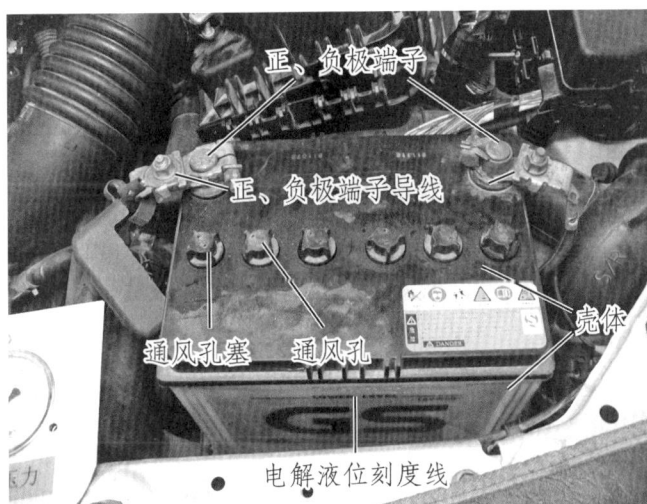

图 3-86 检查蓄电池

（1）作业内容：检查电解液液位。

检查方法：目视检查蓄电池各个单元格的液位是否在上下刻度线之间。

标准与结果记录：

液位处于_____与_____之间，□正常

（2）作业内容：检查蓄电池盒体损坏。

检查方法：目视检查蓄电池盒是否裂纹或渗漏。

标准与结果记录：

□蓄电池盒无损坏

（3）作业内容：检查蓄电池端子腐蚀。

检查方法：目视检查蓄电池正、负极端子是否腐蚀。

标准与结果记录：

□蓄电池端子无腐蚀

(4)作业内容:检查蓄电池端子导线松动。

检查方法:适当用力分别拉动正、负极端子导线感觉是否有松动。

标准与结果记录:

□电池端子导线无松动

(5)作业内容:检查通风孔塞损坏、孔堵塞。

检查方法:目视检查通风孔塞是否损坏以及通风孔是否堵塞。

标准与结果记录:

□通风孔塞无损坏　　□通风孔无堵塞

(6)作业内容:测量电解液比重。

测量方法:用蒸馏水将冰点仪校零;把蓄电池的通风孔塞拆下,用吸管吸取少量电解液并滴在冰点仪上,盖好冰点仪上盖,从冰点仪的观察窗孔读出数值,如图3-87所示。

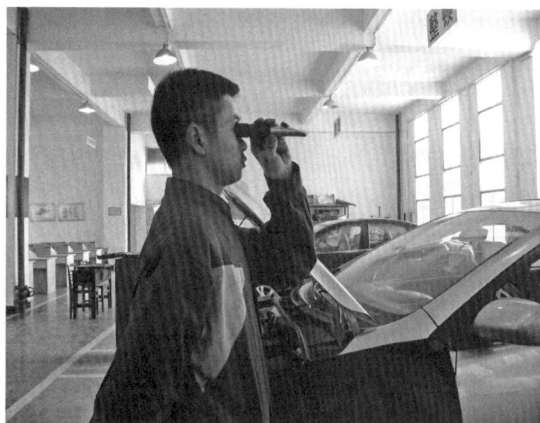

图3-87　测量电解液比重

安全注意事项:

测量完成后,用吸管吸取蒸馏水对冰点仪和吸管进行清洗,然后将卫生纸与蒸馏水一起放在指定的位置。电解液为腐蚀性很强的液体,在检查时要特别小心,应注意防范,戴防腐手套,防止滴在皮肤和车身上。如果当不小心将电解液滴在皮肤上时,应立即用大量的水冲洗,并用3%~5%的碳酸氢钠溶液清洗。由于电解液极易挥发,在吸取电解液后应立即将通风孔塞安装好。

标准与结果记录:

蓄电池比重为＿＿＿＿＿＿＿g/mL,□正常

> 🔍 **小提示**
>
> a.蓄电池电解液温度为20℃时,电解液标准值1.250~1.280g/mL;电池单元格之间的比重偏差不高于0.025g/mL;
>
> b.对于免维护型蓄电池(图3-88)可通过蓄电池上的观察孔,检查蓄电池使用状况:
>
> 绿(蓝)色——正常;黑色——需充电;白色——电解液液位不足,需更换,如图3-89所示。

图3-88 免维护型蓄电池

图3-89 免维护型蓄电池状态检查

7 检查发动机舱内制动系统

作业位置:发动机舱。

(1)作业内容:检查制动主缸内液面高度(储液罐)。

标准与结果记录:

制动液液位处于_____,□正常

(2)作业内容:检查制动总泵是否泄露。

检查方法:使用手电筒,目视检查制动主
缸是否有制动液泄漏现象,如图3-90所示。

标准与结果记录:

□制动主缸及连接处无泄漏

(3)作业内容:检查制动管路是否有制动
液泄漏。

检查方法:使用手电筒,目视检查制动管
路是否有制动液泄漏现象。

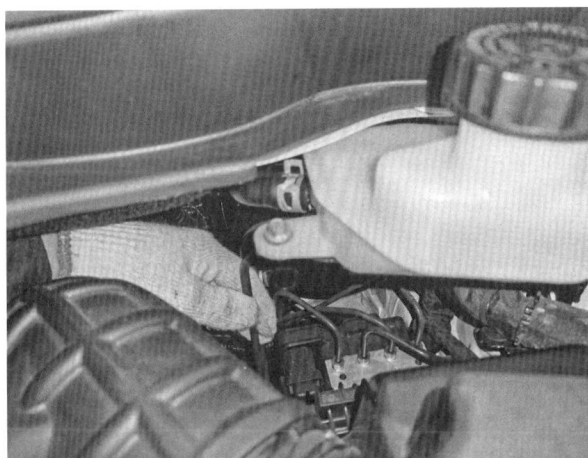

图3-90 检查制动系统(发动机舱内)

标准与结果记录:

□制动管路无泄漏

8 轮毂螺母最终紧固

作业位置:四个车轮处。

作业内容:将车轮螺母紧固至规定力矩。

紧固方法:将40~340N·m的扭力扳手调至110N·m,使用19mm套筒,用抬的姿势,按
对角的顺序将四个车轮的螺母紧固,如图3-91所示。

标准与结果记录:

左前车轮螺母:□已紧固   左后车轮螺母:□已紧固

右前车轮螺母:□已紧固   右后车轮螺母:□已紧固

9 检查冷却系统泄漏情况

作业位置:发动机舱。

(1)作业内容:检查冷却液在各部位是否泄漏,如图3-92所示。

图3-91　紧固车轮螺母

图3-92　检查冷却系统泄漏情况

检查方法:使用手电筒,目视检查冷却系统各部位是否有冷却液泄漏。

标准与结果记录:

□散热器处无泄漏　　　　□橡胶软管无泄漏

□软管夹周围无泄漏　　　□散热器盖处无泄漏

(2)作业内容:检查橡胶软管是否有裂纹、凸起和硬化。

检查方法:使用手电筒,目视检查属于冷却系统的橡胶软管是否有裂纹、隆起或者硬化。

标准与结果记录:

□冷却系统橡胶软管无裂纹　　□无硬化　　□无凸起

(3)作业内容:检查橡胶软管连接松动。

检查方法:使用手电筒,手摇并目视检查橡胶软管与各部件的连接是否松动。

标准与结果记录:

□橡胶软管连接无松动

(4)作业内容:检查夹箍安装是否松动。

检查方法:使用手电筒,手摇并目视检查每个管箍的安装是否稳固。

安全注意事项:

检查过程中,发动机处于运转状态,要避免高温烫伤(戴棉手套),同时要避免传动皮带转动伤人。

标准与结果记录:

□夹箍安装无松动

❿ 更换燃油滤清器

作业对象:燃油滤清器。

作业内容:换燃油滤清器。

更换方法:

a. 释放燃油供给系统的燃油压力,首先在熔断器盒中找到燃油泵的熔断器并断开,起动发动机直至发动机停止工作,即燃油系统压力释放完毕;

b.拆开燃油滤清器两端的油管并用抹布擦净滴出的燃油;

c.安装新的燃油滤清器,安装时必须连接可靠,注意方向。

标准与结果记录:

□燃油滤清器已更换

⑪ 液位最终检查

作业位置:发动机舱。

(1)作业内容:检查发动机机油液位。

检查方法:检查发动机机油液位应符合标准。

标准与结果记录:

发动机机油液位处于_____,□正常

(2)作业内容:检查冷却液液位。

检查方法:检查冷却液液位应符合标准。

标准与结果记录:

发动机冷却液液位处于_____,□正常

子任务5 复检确认及路试

【顶起位置八(最终检查)】

顶起位置八(举升机升起较高,如图3-93所示),复查所做的工作。

作业位置:底盘(车辆底部)。

❶ 作业内容:检查发动机机油是否泄漏(图3-94)

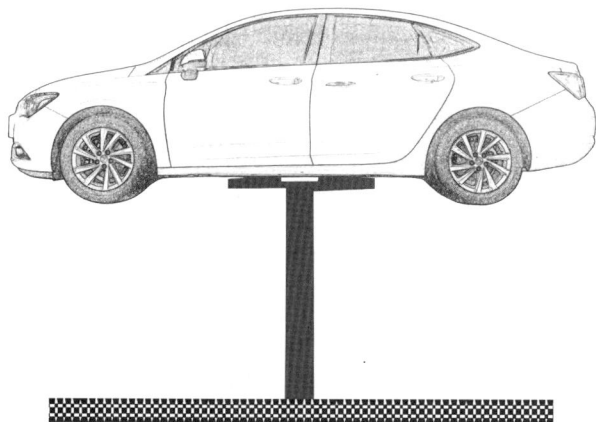

图 3-93 顶起位置八

图 3-94 最终检查

标准与结果记录:

□排放塞处无泄漏　　□机油滤清器处无泄漏

❷ 作业内容:检查制动液是否泄漏

标准与结果记录:

□左前制动器处无泄漏　　□左后制动器处无泄漏

□右后制动器处无泄漏　　□右前制动器处无泄漏

❸ 作业内容：检查更换零部件等的安装状况

检查方法：使用工作灯，检查更换零部件安装是否稳固（必要时，使用工具）。

标准与结果记录：

□已复检油底壳排放塞　　□已复检机油滤清器

□已复检燃油滤清器　　　□已复检散热器橡胶软管

□已复检制动器排油螺栓

【顶起位置九（清洁和恢复）】

顶起位置九（举升机未升起，如图3-95所示），工位复位并清洁，如图3-96所示。

图3-95　顶起位置九　　　　　　　　　图3-96　工位复位并清洁

作业位置：发动机舱、车厢内外。

❶ 作业内容：拆卸翼子板布和前格栅布

标准与结果记录：

□已拆卸翼子板布并归位　　□已拆卸前格栅布并归位

❷ 作业内容：清洁车身、车身内部、烟灰缸等

标准与结果记录：

□已清洁车身　　□已清洁车身内部　　□已清洁烟灰缸

❸ 作业内容：调整收音机、时钟、座椅位置等

标准与结果记录：

□收音机已试音，已调整　　□时钟已调整　　□座椅位置已调整

【道路测试】

📝 **操作目的**

　　道路测试是对维修完成后最后检验的过程，以保证车辆各个系统工作正常。

❶ 制动器系统

(1)测试项目:检查在松开制动器时是否有结合发抖。

标准与结果记录:

□松开制动器时无发抖现象

(2)测试项目:根据施加在踏板上的力,检查制动器的功能。

标准与结果记录:

□制动功能正常

(3)测试项目:检查制动器是否有尖叫声。

标准与结果记录:

□制动时无异常尖叫声

(4)测试项目:检查制动器是否有足够的行程余量。

标准与结果记录:

□制动踏板行程余量_____mm,行程余量足够

(5)测试项目:检查制动器是否有振动或松软的现象。

标准与结果记录:

□制动时无振动或松软

❷ 驻车制动器系统

测试项目:检查使用驻车制动器时,车辆能否能够停留在斜坡上。

标准与结果记录:

□驻车制动器正常

❸ 转向系统

(1)测试项目:检查当车轮笔直向前时,转向盘是否在适当位置。

标准与结果记录:

□直行时,转向盘位于对中位置

(2)测试项目:检查转向盘是否自动偏向一侧。

标准与结果记录:

□转向盘无自动偏向

(3)测试项目:检查有没有异常噪声和结合发抖且转向操作方便能自然回位。

标准与结果记录:

□转向盘自动回正功能正常

(4)测试项目:检查转向时不发飘、不摇振、不颤振等。

标准与结果记录:

□转向时不发飘、不摇振、不颤振

❹ 自动传动桥系统

(1)测试项目:检查换挡杆分别处于2挡位置或D挡位置内行驶时,变速器能自动换高挡和低挡。

标准与结果记录:

□自动换挡正常

(2)测试项目:检查在起动、正常行驶、制动过程中,没有振动、冲击或打滑现象。

标准与结果记录:

□变速器系统无振动、冲击或打滑现象

5 振动和不正常噪声

检查当车辆在以下装置或系统工作时,有无异常振动和不正常噪声。

(1)测试项目:发动机。

标准与结果记录:

□发动机无异响

(2)测试项目:传动带。

标准与结果记录:

□传动带无异响

(3)测试项目:悬架系统。

标准与结果记录:

□悬架系统无异响

(4)测试项目:转向系统。

标准与结果记录:

□转向系统无异响

(5)测试项目:制动系统。

标准与结果记录:

□制动系统无异响　　□制动正常

(6)测试项目:车身。

标准与结果记录:

□车身无异响

道路测试后,拆卸转向盘套、地板垫和座椅套,将车辆移交。

三、学 习 拓 展

(一)柴油机燃料供给系统的维护

柴油机因其省油、低速转矩大、可靠性好、使用寿命长等优势受到广泛使用。柴油机维护做得好,不仅能使其正常运转,而且可以延长使用寿命,充分发挥其效能。因此,柴油机需要进行相应的检查、维护。在行车过程中,也应随时注意柴油机运行过程中有无不正常情况发生,如杂音、异味、异响、振动等,以便能够及时发现和解决问题,避免由于较小故障恶化造成严重的后果。

图3-97所示为船用柴油发动机;图3-98所示为某品牌3.0L涡轮增压柴油发动机。

图 3-97　船用柴油发动机

图 3-98　某品牌 3.0L 涡轮增压柴油发动机

柴油机维护需做好以下几个方面的工作。

❶ 空气滤清器的使用与维护

干净纯净的空气能保证柴油机起动和运转,当柴油机运行一定的时间或里程,需对空气滤清器进行检查,确保其干净未堵塞。柴油机在运转情况下,严禁拆下空气滤清器。雨天行车时,一定要避免进气系统进水。如果空气滤清器受潮,会使进气受阻增大,使车辆变得加速无力;严重时,进入柴油机的水分在高温作用下,使内部运动机件锈蚀作用加剧,影响其性能。

空气滤清器的维护操作参照"学习任务二　汽车二级维护项目与技术要求"的有关要求进行。

❷ 燃油的选用及保证

柴油机工作方式与汽油机最大的区别在于点燃燃油过程不同,汽油机是靠火花塞点燃,而柴油机是靠活塞上行提高燃烧室压力压燃,所以柴油质量的优劣是决定柴油机使用寿命的关键因素,是柴油发动机"健康"运转的保证。含有水分、杂质或错加成汽油等会对高压燃油泵及喷油器造成严重损害,为此应尽可能选用优质柴油,绝对不能错加汽油,如发现有以上现象,应不起动柴油机,而是立即与维修站或 4S 店取得联系,寻求技术支持,避免损伤柴油机。每天发动机熄火后,应将柴油燃油箱注满柴油,从柴油燃油箱和油水分离器中排除积水,尽可能选用指定厂家的专用滤芯,并按维护时间及时清洗和更换滤芯。燃油必须满足黏度、十六烷值、含硫量、水和沉淀物等性能指标要求。

> 🔍 **小提示**
>
> 保证柴油汽车的燃油充足。绝对不能把柴油机中柴油消耗完再加油,因为在这种情况下柴油机供油系统会继续运转并吸入空气。如果柴油机油路吸入空气,发动机将不能正常起动,需要将油路中的空气全部排除干净才能正常运转,情况严重的还会损坏发动机。

❸ 柴油机输油泵的保养与维修注意事项

柴油机输油泵(图 3-99)的作用是保证柴油在低压油路内循环,并供应足够数量及一定

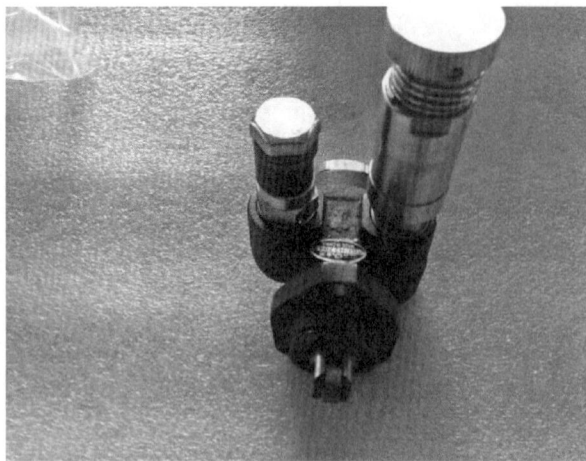

图 3-99　柴油机输油泵

压力的燃油给喷油泵。

（1）安装输油泵前,要检查型号、规格是否正确,并清除防锈油,选用垫片厚度应合适,防止过薄或过厚而使活塞顶死或运行不到位。拧紧螺栓时,拧紧力矩要均匀,防止损坏油泵。

（2）输油泵接头内粗滤网芯子极易因棉絮等脏物而堵塞,要经常检查清洗,滤网损坏必须及时修补或更换。

（3）输油泵上的手油泵活塞和手油泵体之间安装有橡胶密封装置,不能随意拆动,橡胶密封圈损坏要及时更换。

（4）手油泵用后必须压回最低位置,并将按钮旋紧,防止手油泵和橡胶密封圈或者球阀与阀座因压不紧而导致进气或漏油。

（5）确保柱塞式输油泵"四簧"弹性正常。"四簧"为活塞弹簧、挺杆（滚动）弹簧、进油阀弹簧、出油阀弹簧,弹簧弹性减弱或折断要及时更换或加垫调整。

（6）确保各处垫片完整无损。塑料垫圈拆装次数不宜过多,应定期更换。

（7）长时间停机时,防止输油泵及配合表面,尤其是活塞与泵体、挺杆与挺杆套间因油液中含有水分而锈蚀,必须采用防锈措施（停机时,更换喷油泵油底壳内带有水分、柴油及其他杂质的润滑油）。

（8）加注的柴油要经沉淀和过滤,保证清洁,防止因杂质过多而加剧输油泵进油阀、出油阀、阀座的磨损,有时油阀甚至会被杂质垫起而失效。

❹ 柴油机喷油泵的常规检修

柴油机喷油泵（图 3-100）是燃油供给系统的重要部件,它给喷油器提供高压、定量、定时的柴油,其工作状况的好坏,直接影响柴油机的动力性、经济性和可靠性,被视为柴油发动机的"心脏"部件,它出问题会使整个柴油机工作失常。

（1）保证进入喷油泵内的柴油高度清洁。柴油机对柴油的滤清要求远比汽油机对汽油的要求高得多,在使用时,要选用符合要求牌号的柴油,而且至少经由 48h 沉淀。定期对油箱进行清洗,彻底去除油箱底部的油泥及水分,柴油中的任何杂质都会对喷油泵柱塞、出油阀偶件及传动部件造成严重的侵蚀或磨损。

（2）经常检查喷油泵油池内的机油量及其质量是否符合要求。

（3）定期检查喷油泵供油提前角及各缸供油间隔角。在使用时,因为联轴节连接螺

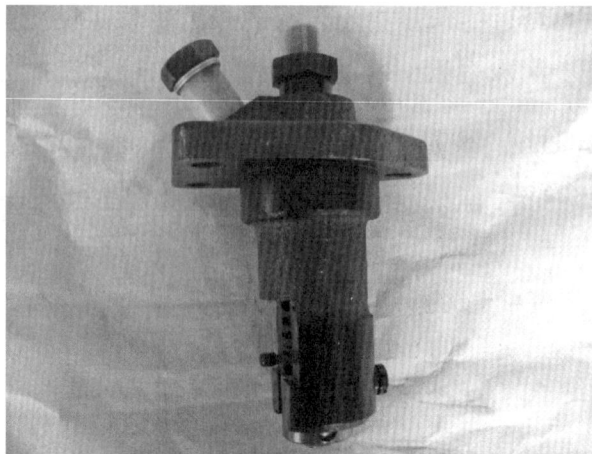

图 3-100　柴油机喷油泵

栓的松动、凸轮轴及滚轮体部件的磨损,会导致供油提前角及各缸供油间隔角发生变化,使柴油燃烧变坏,柴油机的动力性、经济性变差,同时起动难,运转不稳,发出异响及过热等。

(4)按期检查调整喷油泵各缸的供油量。因为柱塞偶件及出油阀偶件的磨损,造成柴油内漏,会使各缸的供油量减少或不均。在实际使用中,可通过观察柴油机的排烟、听发动机声音、摸排气歧管温度等方法来确定各缸供油量的大小。

(5)就机检查出油阀偶件的密封情况。喷油泵工作一段时间,通过检查出油阀的密封情况可以对柱塞的磨损及油泵工作情况做粗略的判定,从而有利于确定修理及维护方法。

(6)正确维护喷油泵的附件。喷油泵侧盖、油尺、加油塞(呼吸器)、溢油阀、油池放油螺塞、油平面螺塞、油泵固定螺栓等,要保证完好无损。这些附件对喷油泵的工作也起着重要的作用。

(二)柴油机润滑系统的维护

润滑系统主要任务是向各运动摩擦表面提供润滑油,形成油膜,减少零件磨损。每天起动柴油机之前应按照汽车日常维护的项目要求,检查柴油机机油液面高度,如果有机油损失,应及时加注到油标尺上规定的油位位置。在冬季和夏季,要严格按照规定使用不同黏度的机油,定期更换。在磨合期一定要按柴油机维护说明及时更换机油,以后可以根据工作环境和工作强度的要求,确定更换机油的时间,每次换机油的同时要更换机油滤清器。

润滑系统维护需要注意以下事项。

(1)使用中随时注意仪表显示的机油温度和机油压力,温度、压力表或指示灯超出正常范围需停车检修。

(2)选用机油应注意机油标号、黏度和质量。柴油机机油应选择适用于汽车柴油机的"C"开头系列机油,根据《汽车使用手册》或柴油机使用情况来选择合适的机油标号。

(3)机油加注量不宜过多也不宜过少,要严格按照机油尺的高度检查加注量。

(4)按汽车使用手册要求,定期更换机油滤清器。

(三)柴油机冷却系统的维护

柴油机冷却系统的作用是保证柴油机在最适宜的温度状态下工作。对水冷柴油机来说,起动柴油机之前应按照日常维护要求检查冷却液液位,确保散热器中有冷却液。如果缺少冷却液,则需添加相同成分的冷却液。如果暂时没有相同成分的冷却液,也可以加入适量的纯净水,纯净水由于经过净化,可以避免形成水垢,但不能用河水或井水,因为硬水中含有大量的矿物质,受热后易形成水垢,从而影响散热。此外,应该常检查散热器、水泵、节温器、风扇等各种部件的性能,确保散热器效果良好。

(四)柴油机起动时操作养护

❶ 柴油机冷起动后不应立即高速运转

柴油机冷起动后处于冷车状态,机油黏度高,流动阻力也大,柴油机各部分没有得到充分润滑,导致各机件之间润滑不良而损坏,同时也会加剧气缸及轴瓦的磨损,尤其是涡轮增压柴油机会造成涡轮增压器的转轴烧蚀。为此,柴油机起动后应低转速运转2~3min,待机油温度升高、流动性好转、增压器得到充分润滑后才能提高转速。这一点在寒冷的冬季显得尤为重要,必要时适当增加预热时间。

② **冷起动需要预热**

在气温较低时,应使用加热系统,向柴油机体内通入热风或预热加热塞,让柴油机尽快达到正常的工作温度,使燃油更好雾化。

③ **冷起动时蓄电池要保持良好状态**

当柴油机起动困难或无法起动时,说明蓄电池冷起动电流和电压不足,应使用充电机对蓄电池进行充电,时常保持蓄电池电量充足。

④ **不宜长时间怠速运转**

柴油机怠速运转,转速比较低,活塞环的刮油能力比一般工作时低,这样机车很容易窜机油。同时,气流速度小,残余的废气多。另外因进气涡流速度低,喷油雾化质量差,会使燃油燃烧不充分,容易形成积炭。还有因为油和水温度都低,机油流动性变差,以致不能形成良好的润滑油膜,造成机油老化,在缸套中产生水和硫酸等腐蚀机体的有害物质增多,造成柴油机抖动,影响柴油机的使用寿命。由于空转,燃油燃烧不完全,产生游离碳粒子冒出的大量黑烟或因为气温低而冒白烟。长时间怠速运转会造成柴油机技术状况不良,导致烧机油。

延伸阅读

坚定信心逐梦想,日积月累摘桂冠

古慧晶是深圳市某职业技术学校汽车运用与维修机电专业的一名学生,2021 年的广东省汽车机电维修赛上,她成为广东省第一个参加此类赛事并夺冠的女生。

凭借着热爱,古慧晶进入汽车运用与维修机电专业学习。为了追逐梦想,古慧晶勤奋好学,在广东省汽车机电维修赛前的 4 个月里,她每天早上 6 点起床来熟记电路图,除日常生活外,她大多时候扎进实训室里;为了保持体能,她坚持运动。古慧晶通过自己的兴趣推动着学习的脚步,并且持之以恒地为之奋斗。凭借着敢于自我挑战的勇气和日积月累的努力,古慧晶突破偏见,取得成功。她的故事告诉我们,培养劳动精神、奋斗精神、创造精神,对一个人的成功起到非常重要的作用。

四、评价与反馈

① **自我评价与反馈**

(1)能否主动参与工作现场的清洁和整理工作?(　　　)

    A. 主动完成　　　　B. 被动完成　　　　C. 未完成

(2)完成本学习任务后,你是否清楚汽车二级维护的定义与作业过程?(　　　)

    A. 完全清楚　　　　B. 基本知道　　　　C. 不知道

(3)通过本任务的学习,你能否熟练操作二级维护的作业内容和技术流程?(　　　)

    A. 能熟练操作

    B. 基本能操作

C. 只能操作/□顶起位置1 /□顶起位置2 /□顶起位置3 /□顶起位置4 /□顶起位
置5 /□顶起位置6 /□顶起位置7 /□顶起位置8 /□顶起位置9 /□路试

D. 都不会

（4）你在实训操作汽车二级维护的过程中遇到的困难是什么？怎样解决的？

_____

_____

_____

签名：_____ _____年_____月_____日

❷ 小组评价与反馈

（1）是否完成了本学习任务的学习目标？（　　　）

    A. 主动完成且效果好　　　　　　　　　B. 完成但效果不好

    C. 未完成

（2）是否积极学习，不懂的是否积极向别人请教，是否积极帮助他人学习？（　　　）

    A. 积极学习　　　　　　　　　　　　　B. 积极请教

    C. 积极帮助他人　　　　　　　　　　　D. 全都不积极

（3）学习过程中是否注重学习质量和操作技能的提高？（　　　）

    A. 注重质量；技能有提高　　　　　　　B. 不注重质量；只追求速度

    C. 注重质量；速度提不高　　　　　　　D. 全无

（4）学习过程中是否注重8S素养和负有责任心？（　　　）

    A. 注重8S素养；有责任心　　　　　　　B. 不注重8S；有责任心

    C. 注重8S素养；无责任心　　　　　　　D. 全无

参与评价的同学签名：_____ _____年_____月_____日

❸ 教师评价

_____

_____

_____

教师签名：_____ _____年_____月_____日

五、技能考核标准

序号	项目	操作内容	规定分	评分标准	得分
1	准备工作	清点所需物品、工具，整理工位	4分	车内防护三件套、车外防护三件套	

续上表

序号	项目	操作内容	规定分	评分标准	得分
1	准备工作	清点所需物品、工具,整理工位	4分	手套、抹布、电筒、肥皂水、直尺、深度尺、胎压表、毛刷、扭力扳手、150件套、机油滤清器专用扳手、机油滤清器、气动扳手、制动液回收专用工具、漏斗、冰点仪、油盆、机油、空气滤芯、少确认一项扣1分,扣完为止	
2	安全检查	确认拉起驻车制动 确认换挡杆置于"P"位置	2分	少确认一项,扣1分	
3	车辆防护	安装车内三件套 安装车外三件套	2分	遗漏一处扣1分,扣完为止	
4	车辆外观与车厢内部的维护	汽车灯光的检查 刮水器的检查 制动踏板及助力的检查 转向盘及转向柱的检查 车门、座椅、安全带的检查 燃油箱盖的检查 车灯总成的检查 备胎的检查 行李舱门的检查 发动机舱盖的检查	20分	每项未检查或检查方法错误扣2分; 每项检查不全面扣1分	
5	车辆底部的维护	前下球节及防尘罩的检查 发动机及驱动桥的漏油检查 发动机机油的更换 传动系统的检查 转向系统的检查 制动系统的检查 行驶系统的检查 燃油管路的检查 排气管总成及其安装件检查 底盘螺栓的紧固	20分	每项未检查或检查方法错误扣2分; 每项检查不全面扣1分	

续上表

序号	项目	操作内容	规定分	评分标准	得分
6	车轮与车轮制动的维护	车轮轴承的检查 车轮的拆卸 制动卡钳的拆卸 制动器的检查 制动器的安装、复位 制动卡钳的安装 制动器的拖滞检查 制动液的更换 车轮安装及紧固	18分	每项未检查或检查方法错误扣2分； 每项检查不全面扣1分	
7	发动机舱部件的维护	冷却液的检查及更换 火花塞的检查及更换 空气滤清器芯的检查及更换 燃油滤清器的更换 蓄电池的检查 减振器上支承螺母的紧固 冷却系统的泄漏检查 驱动桥液（ATF）液位检查 空调制冷剂量的检查	18分	每项未检查或检查方法错误扣2分； 每项检查不全面扣1分	
8	复检确认及路试	复查发动机机油、发动机滤冷却液、制动液等是否泄漏 复查更换零件安装情况 拆卸防护用品 调整收音机、时钟等 清洁车身内外 路试：异常振动、异响；制动、转向等	8分	每项未检查或检查方法错误扣1分	
9	安全文明	无安全隐患，无不文明操作	4分	出现一次安全隐患或不文明操作扣1分，扣完为止	
10	8S	工具、量具清洁、归位	2分	有遗漏扣1分，未做扣2分	
		工作场地清洁	2分	不彻底扣1分，未做扣2分	
	总分		100分	—	

学习目标

知识目标

1. 清楚汽车四轮定位概念;

2. 清楚汽车四轮定位各参数的含义。

技能目标

1. 学会四轮定位检测仪的使用技能;

2. 知道汽车四轮定位检测操作内容和流程;

3. 培养获取、利用数据信息分析处理问题的能力。

素养目标

1. 养成工作注意细节的习惯,培养为客户提供精细化服务的意识;

2. 领会各项技术都向着高精尖方向不断发展和进步的宗旨。

建议学时:36 学时

任务描述

近期,李师傅的轿车在高速行驶时出现跑偏,停车检查发现左前轮有异常磨损。将车辆开到维修站,经维修技师初步判断,可能存在车轮定位不准的问题。请您对李师傅的轿车进行一次四轮定位检测。

一、理论知识准备

对汽车进行四轮定位检测,必须做到以下两点。首先,清楚地认识和深刻地理解车轮定位的概念及参数;其次,了解并掌握四轮定位仪的使用。认真学习四轮定位的结构原理,掌握四轮定位仪的使用极其重要。

(一)四轮定位结构原理

1 概述

驾驶人转动转向盘,便可使汽车按需要的方向行驶。但是,如果在直路上行驶时,需要驾驶人不停地操作转向盘才能保持车辆直线行驶;在原地转弯时,需要驾驶人用很大的力量才能使车辆转向,则驾驶人要消耗很大的体力和承受很大的精神压力。实际上,要想在行驶中保证汽车安全和舒适,需要考虑很多因素。正因为考虑了这些因素,才能靠轻松地操纵转向盘使汽车高速直线行驶,或转动转向盘使汽车转弯及转弯后自动回正到直线行驶状态。

为了解决这个问题,同时也为了防止轮胎过早磨损,根据一定要求,按一定的角度将车轮安装在车身(或底盘)上,称为汽车四轮定位,或车轮定位。

四轮定位的作用是使汽车保持稳定的直线行驶和转向轻便,并减少汽车在行驶中轮胎和转向机件的磨损。

❷ 四轮定位的要素

四轮定位的要素主要有:车轮外倾角、主销后倾角、主销内倾角、车轮前束等。

1) 车轮外倾角

从汽车正前方看,车轮外倾角是车轮顶部朝外或朝内倾斜的角度,即车轮中心线与其水平垂直线之间的夹角,如图 4-1 所示。轮顶朝内倾斜为负值,朝外倾斜为正值。由于悬架与轮毂之间存在装配间隙,空载时车轮的安装正好垂直于路面,而满载时上述间隙将发生变化,从而引起车轮向内倾斜。车轮向内倾将使路面对车轮垂直反作用力的轴向分力压向轮毂外端的轴承,使该轴承及其锁紧螺母等构件随之承受的载荷增大,降低了它们的使用寿命,严重时损坏锁紧螺母而使车轮脱出。为此,装车轮时要预留有一定的外倾角,以防发生上述不良影响。外倾角的作用是:

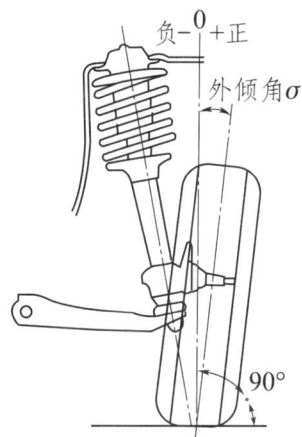
图 4-1 车轮外倾角

(1)调整车辆负载,作用于轮胎中心,消除跑偏;

(2)降低轮胎磨损;

(3)增强直线行驶的安全性,降低转向阻力。

2) 主销后倾角

由车轮侧面看,主销后倾角是转向轴线向前或向后倾斜的角度,如图 4-2 所示。在纵向垂直平面内,垂线与主销轴线之前的夹角叫主销后倾角,向前侧倾则称为负主销后倾角。如果车辆具有正主销后倾角,在车轮向左转动时,左轴颈便有向下沉的倾向(这是由于轴颈沿转向轴线转动,而该轴线又是倾斜),但是由于轴颈固定在车轮总成上,加之地面也使其不可能向下移动,所以轴颈实际上不会向下移动,而是左转向被迫向上移动,这就使车身略向上上升。转向完毕,放开转向盘,举升起的车身的重量使转向节向下移动。这样,就使轴颈回至原来的向正前方行驶的位置。

主销后倾角作用是:

(1)保持直线行驶的稳定性;

(2)转向轮具有自动回正的功能。

3) 主销内倾角

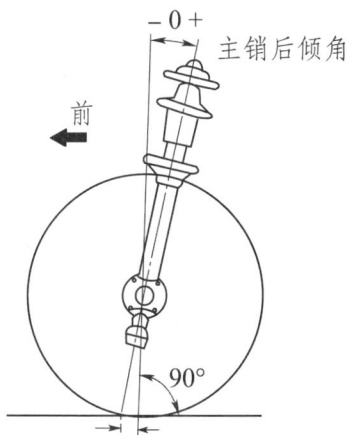
图 4-2 主销后倾角

从车轮正前方看,主销内倾角是转向轴线上端向内倾斜与地面垂直直线间的夹角,如图4-3所示。当车轮以主销为中心回转时,车轮的最低点将陷入路面以下,但实际上车轮下边缘不可能陷入路面以下,而是将转向车轮连同整个汽车前部向上抬起一个相应的高度,这样汽车本身的重力又使转向车轮回复到原来中间位置的效应,因而转向盘复位容易。此外,主销内倾角还使得主销轴线与路面交点到车轮中心平面与地面交线的距离减小,从而减小转向时驾驶人加在转向盘上的力,使转向操纵轻便,同时也可减小从转向轮传到转向盘上的冲击力。但主销内倾角也不宜过大,否则加速了轮胎的磨损。主销内倾角的作用是:

(1)在车轮转向时产生一个使车轮和转向盘回到正直位置的力矩;

(2)使转向轻便;

(3)减少从转向轮传到转向盘上的冲击力。

4)车轮前束

从车辆上方看,同轴上两车轮在高度相同的条件下,左右轮胎中心线前端与后端距离的差值称为车轮前束,也称为总前束,如图4-4所示。车轮前束的作用主要是消除由于外倾角所产生的轮胎侧滑,降低轮胎磨损和外倾造成的滚动磨损,保持正直行驶。

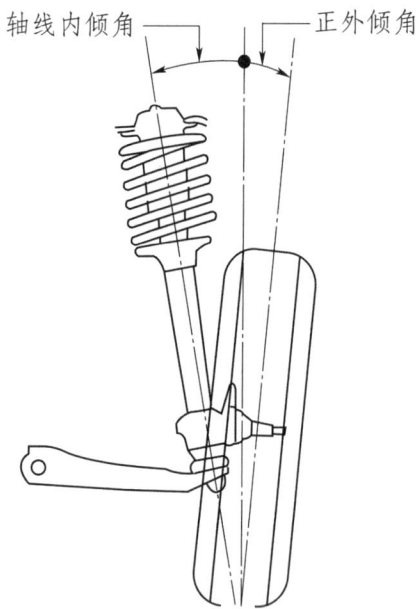

图4-3 主销内倾角　　　　图4-4 车轮前束

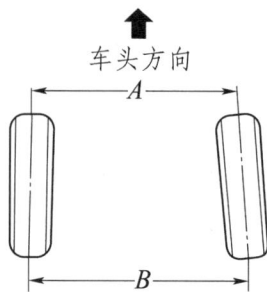

零前束:左右轮胎的中心线,其前端与后端距离相等,即 $A = B$;

正前束:左右轮胎的中心线,其前端小于后端距离,即 $A < B$;

负前束:左右轮胎的中心线,其前端大于后端距离,即 $A > B$。

采用正外倾角的前轮使车轮顶部朝外倾斜,当车辆向前行驶时,车轮要朝外侧滚动,从而产生侧滑,会造成轮胎磨损。所以,前束作用是消除由于外倾角所产生的轮胎侧滑,并且轮胎类型与悬架的刚性也会影响前束值。当车轮的外倾角相同时,斜线轮胎的胎面和胎肩容易产生较大变形,从而产生较大的外倾推进。因此斜线轮胎采用的车轮前束值,大于子午线轮胎所采用的车轮前束值。车辆在行驶过程中,来自不同方向的作用力均施加在悬架上,使车轮倾向于负前束。为防止出现这一现象,某些车型当外倾角为零时,也需要较小的正前束。

❸ 四轮定位检测期限

根据相关资料和维修经验列举几种需要进行四轮定位检测与调整的情况：

(1)每驾驶10000km或六个月后；

(2)直行时车子往左边或右边拉；

(3)直行时需要紧握转向盘；

(4)感觉车身会漂浮或摇摆不定；

(5)前轮或后轮单轮磨损；

(6)安装新的轮胎后；

(7)碰撞事故维修后；

(8)安装新的悬挂或转向有关配件后；

(9)新车驾驶3000km后。

❹ 四轮定位的诊断

1)四轮定位不良会引起的故障现象

(1)转向盘过沉,原因是后倾角过大。

(2)转向盘发抖,原因是轮胎的静态或动态不平衡、车轮中心点偏心产生凸轮效应。

(3)车辆行驶中跑偏,原因是车辆的左右后倾角或外倾角数值不相等、车身高度左右不相等、左右轮胎尺寸或气压不相等、轮胎变形。

(4)转向盘不正,原因是后轮前束不良造成斜推进线、转向系统不正。

(5)轮胎的非正常磨损,包括:轮胎块状磨损、羽毛状磨损、凸波状磨损和单边磨损。造成这些非正常磨损的原因大都集中在轮胎的前束和倾角的参数偏移。

2)四轮定位故障的原因分析与诊断

四轮定位的故障很多,特别是由于部分车轮定位角度偏差会导致不同的行车故障,下面介绍几种典型的车轮定位故障现象并分析可能原因。

(1)偏向行驶。

①持续偏向行驶。持续偏向行驶可能由不合要求的定位角或轮胎的锥形磨损引起。

②定位角度符合要求,但车辆仍偏向行驶。有些轮胎由于制造上的缺陷而导致车辆偏向行驶。如果轮胎左右两边的直径不同,将导致车轮沿弧线滚动,这种车轮具有锥度。锥形轮胎位于前轮导致的故障更为严重。

③定位角度未知或定位角度不符合要求。应调整定位角度到厂家推荐的参考范围内。

④变化偏向行驶。偏向行驶时的偏转方向不断改变,说明转向系统有零件发生了变形。将车轮置于转盘上,如果阻力变化不均匀,则表明有零件形状发生了变化,短促的响声则表明零件位置不当或变形,悬架系统或转向系统的零件松弛会导致不稳定的方向偏转。这时应重新检查悬架系统和转向系统的零件,并加以更换。

(2)转向盘不正。当车辆在平直的路面上行驶时,如果不转动转向盘,车辆应沿正前方直线行驶,如果车辆朝某一方偏转,则车辆具有偏向行驶的故障,应先行排除从纠正转向盘零件不正的问题;如果车辆直线行驶,但转向盘不正,则是转向盘零位不正,有时候它是由零件的损坏或安装不当引起,通常情况下,转向盘不正是由不正确的定位角度引起的。

①零件毛病。某些车辆上的转向系统零件有可能安装不当,检查各零件的安装情况,包括车轴、转向盘以及转向轴。通常,零件上标有帮助准确安装的标记。

②转向盘不正的调整。在调整前轮定位时,如果前束正确,但是转向盘不正,如偏左,则应先将转向盘向右打正,锁住,这时,两轮的前束角全变了,再转动两边的调整套,使左边的横拉杆调长,把右轮横拉杆调短,使两轮前束重新恢复标准。

(二)四轮定位检测仪及使用

1 四轮定位检测仪的分类

目前常用的四轮定位仪有电脑拉线式、电脑激光式、电脑红外线式、电脑蓝牙式等,它们各自采用的测量方法(或使用的传感器的类型)及数据记录与传输的方式是各不相同的,但测量原理都是一致的。

2 四轮定位检测仪的组成

四轮定位检测仪的组成有:带二次举升的平板式举升机、电脑、四个传感器及相关的卡具,转角盘、转向盘固定器、充电器、传输电线、打印机等。

1)传感器与卡具

四轮定位仪的核心部分是传感器,如图4-5所示,每个传感器有两个CCD镜头,镜头上方装有由数字电路控制的红外线光源,此光源发出的红外线触发相对应的CCD用于对汽车前轮的前束角进行测量。每个CCD镜头上装有一个摆,摆中有一个LED(发光一极管),它发出的光被聚焦在CCD上,用于测量车轮外倾角和主销内倾和后倾角。4个传感器产生8束测量光束,围绕汽车形成一个封闭的四边形测量场,根据这一原理,可在整个测量过程中对水平轨迹不断地进行检验,以监控设备有测量参数是否超出误差范围。在测量前,请确认各镜头之间无障碍物阻挡红外测量光。

卡具用来将传感器安装在车轮上。

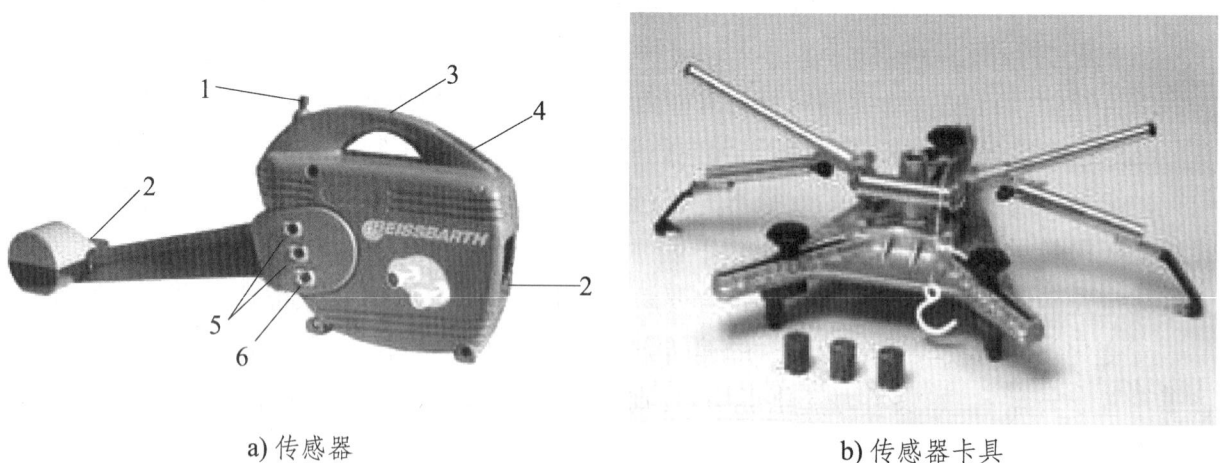

a)传感器   b)传感器卡具

图4-5 传感器与卡具
1-天线;2-探头;3-水平尺;4-按键;5、6-线缆接口

2)举升器

四轮定位检测仪所用的举升器为特制的平台式举升器,如图4-6a)所示,四轮定位对配

套使用的举升器的水平具有严格要求,必须按照调整和测量的要求,对举升器进行精确水平调整。一般在举升器安装时,就校正了水平;调整水平时允许的高度偏差,左右之间最大偏差为 ±0.5mm,前后之间最大偏差为 ±1mm,对角线最大偏差为 ±1mm。

3)转角盘

转角盘活动安装于举升机前端,当车辆开上举升机时,前轮要正好处于其中心位置,用于测量转向角度,如图4-6b)所示。

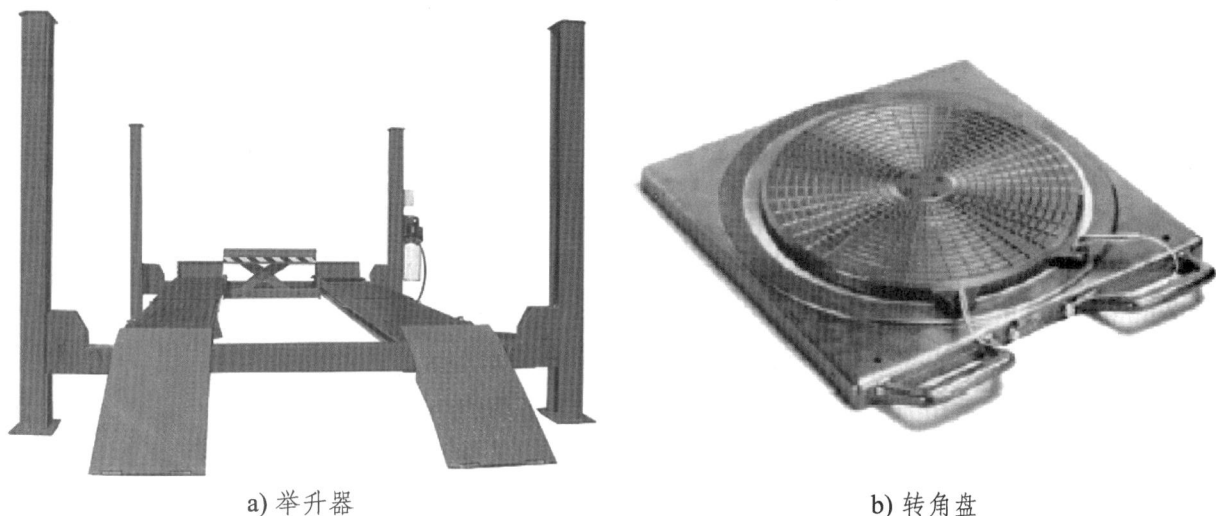

a) 举升器

b) 转角盘

图 4 6 举升器与转角盘

4)制动锁

制动锁用于锁住制动,如图4-7所示。

5)转向盘固定器

转向盘固定器用固定转向盘,不让其任意转动,如图4-8所示。

图4-7 制动锁

图4-8 转向盘固定器

❸ 四轮定位检测与调整的基本步骤

1)测量前的准备

(1)先将汽车开上维修举升器,对被测汽车底盘进行全面检查:包括轮胎是否正常,底盘各部位及车身是否有明显的变形,减振器是否正常,转向装置各连接部位的间隙是否正常等。这些检查工作是十分重要的,如果检查中发现有明显影响四轮定位的问题,则应先进行必要的维修。

(2)按汽车使用说明书的规定调整轮胎气压。

(3)校准测试仪表、举升器上的转角盘和后滑板,并根据轮距和轴距调整举升器宽度。

（4）将汽车驶上测量用举升器,车轮应位于转角盘和后滑板中上,拉上驻车制动,不让汽车滑动。

（5）根据仪器屏幕上显示的准备工作菜单和提示,在汽车座椅和行李舱内添加规定重量的沙袋,使汽车轴重符合规定。

（6）松开驻车制动,用力压车身前部和后部各几次,使弹簧减压减振及底盘部件释放内应力。

（7）安装制动器销,锁定制动踏板。

（8）安装测量夹具和传感器,利用水平气泡进行调平。

（9）抽出测量举升器转角盘和后滑板的安全销,使汽车车轮处于自由状态。

注意：

测试设备必须正确地安装和校准,注意设备的操作说明;汽车处于空载状态[空载状态理解为作为行驶准备的汽车质量(完全充满的燃油、备用轮胎、随车工具、千斤顶)];胎充气符合规定的压力;汽车在举升机平台上停直,悬架多次压动和振动;检查车轮悬架、转向和转向连接机构,不允许有间隙和损伤;校正轮胎动平衡;同一车桥上的轮胎花纹深度相差最大不超过2mm;在车轮定位过程中,滑动钢板和转盘不能移动到末端的停止位置上。

2）调整前的测量

调整前的测量工作可按计算机屏幕显示的主菜单程序指示的步骤进行。

进行由主菜单程序引导测量时,汽车底盘测量的顺序由计算机软件控制,对每一个测量的数值都有相应的汽车底盘示意图,并以标准值/测量值对比的形式显示出米。如果测量值在规定范围内,该数值以绿色显示,否则将以红色显示。

测量过程可通过按键("继续下一步"和"退回上一步")来完成,具体步骤如下。

（1）将汽车转向盘置于直行位置,系统可测得后轴的前束和外倾角值。

（2）按"继续下一步"按键。

（3）将汽车转向盘向左和向右各转20°,得到主锁后倾角,主销内倾角和前束值的差值。

（4）打正汽车转向盘至直行位置,根据显示器上的提示,测量前轴的前束和外倾角。

（5）通过向左/向右转动转向盘至极限位置,测量左/右的全转向角。

如果上述测量值均在标准值公差范围之内,就可直接打印出测量数据,不必再进行调整和调整后的测量。如果测量值不在标准值公差范围内,就必须进行调整。

3）调整

调整工作的具体步骤也可按选择主菜单"调整"项进行调整程序,按以下步骤进行。

（1）调整后轮。后轮先调外倾角,后调束角。不同品牌、不同车轮调整位置和调整方法不同,可借助主菜单中的"帮助程序"。在后轴的调整过程中,应密切留意显示屏上数据的变化情况,使显示值由"红色"转变为"绿色"。

（2）调整前轮。前轮先调主销后倾角,后调外倾角,最后调束角。观察显示屏幕上的数据是否调整到标准值公差范围内。前轴的调整主要是前束的调整。对独立烛式悬架的轿车其具体步骤如下：

①对准转向柱和转向机标记位,将转向机调整到中心位置;

②记下左前轮的前束值,以此作为参考;

③松开调整右前轮转向拉杆,在调整过程中确保左前轮的前束值不变,直到右前轮前束值调整到目标值为止,锁紧右转向拉杆;

④记下右前轮的前束值,以此作为参考;

⑤遵照步骤③,调整左前轮的前束值直至达到标准值为止,锁紧左转向拉杆。

4)调整后的测量

调整后测量和调整前测量步骤大体相同,目的是测量调整后的四轮定位数据是否达到标准范围。

二、实 践 操 作

(一)实训准备

(1)准备一台实训车辆,准备一个四轮定位工位。

(2)准备套筒、扭力扳手等汽车常用工量具一套,以及车辆防护件、手电筒、手套等维护检查时需要的必须物品。

(3)准备作业记录单、记录板和记录笔等。

(二)注意事项

(1)不同车型,其零部件型号和安装位置不尽相同,需视具体车型或发动机系统调整检查的方法和步骤。

(2)操作前,需安装座椅套、转向盘套和地板垫以保持汽车干净整洁;必要时安装好左右翼子板布、前格栅布以保护车辆漆面。

(三)实训操作

本任务将对车辆的检查和对四轮定位仪的操作相对分开,将整个检测过程分为三个子任务,再按照三个子任务分别展开。

●学习提示

(1)本部分按照实训教学方法编写,每项操作内容后面备有检查结果要求,对于符合条件(正常)的,在前面的"□"或表格框内打"√",对于不符合条件(不正常)的,在前面的"□"或相应表格框内打"×",留有空格的地方请按实际检查结果填写。

(2)为了便于记忆,将对车辆的操作和对四轮定位仪的操作相对独立,不易混淆。以下按单人操作顺序对四个车轮都有定位的车辆进行安排,如果按两人作业安排或对只有前轮定位的车辆进行检测,请在车辆项目和四轮定位仪项目间自行交叉调整和删减。

子任务1 场地准备与车辆预检

检测前设备的准备是指对四轮定位仪的校准和对设备工具齐全性的确认。

测量前的准备是指将汽车开上维修举升器,对被测汽车底盘进行全面检查,包括轮胎是否正常,底盘各部位及车身是否有明显的变形,减振器是否正常,转向装置各连接部位的间隙是否正常,并按汽车使用说明书的规定调整轮胎气压等。这些检查工作是十分重要的,如果检查中发现有明显影响四轮定位的问题,则应先进行必要的维修。

(一)设备的校准和齐全性的确认

1 操作内容:操作平台水平状态的检查确认

操作目的

检查操作平台(即举升机平台)的水平状态,是确保四轮定位检测参数准确的先决条件,如果操作平台不处于水平状态,那么检测的参数将不准确,甚至导致正常参数发生变化。

操作说明

将水平校准仪放置于举升机中间,然后将举升机大剪举升到平台刚好与水平尺两端触及的位置,观察水平仪气泡是否处于水柱中心位置。否则通过举升机支架下方的调整螺栓,将举升机调整到水平位置,如图4-9所示。

图4-9 水平校准举升机平台

标准与结果记录:

□操作平台前部水平已测量　　□操作平台后部水平已测量

□已(调整)确认前后部水平

2 操作内容:应用设备、器材的检查确认

操作目的

四轮定位检测仪配备的所有器材要完整、齐全(图4-10),并检查其技术状况是否完好,方便后期工作。

图 4-10　四轮定位仪工位与设备

📖 **小提示**

　　检查四轮定位检测仪器材时,特别注意查看卡具工具箱的四个卡具、四根卡具手柄、一个转向盘锁和一个制动锁等器材是否完整(图 4-11);查看定位仪控制箱上的四个传感器、控制电脑和打印机是完整,是否能够正常工作。

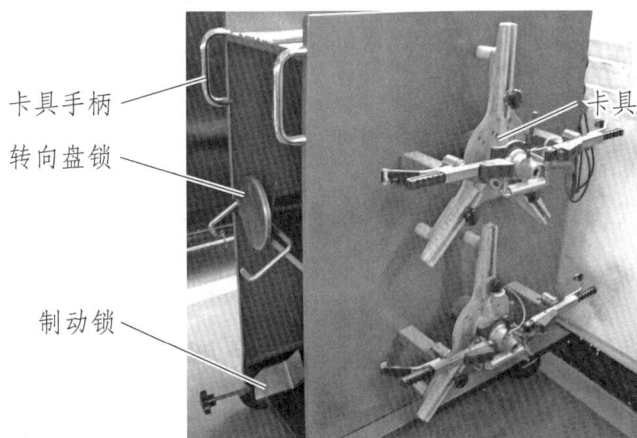

图 4-11　四轮定位仪卡具工具箱

标准与结果记录:

□举升机及附件完整,状态正常　　　□举升机操作台按钮正常

□四个小剪垫块完整　　　□定位仪控制箱上的四个传感器完整、正常

□控制电脑和打印机完整、正常　　□卡具工具箱的四个卡具、四根卡具手柄完整、正常

□转向盘锁和制动锁完整、正常　　□脚凳正常

❸ 操作内容:基础设施的检查与准备

📝 **操作目的**

检查基础设施是指对高压电和举升机用气的检查和确认(图4-12)。

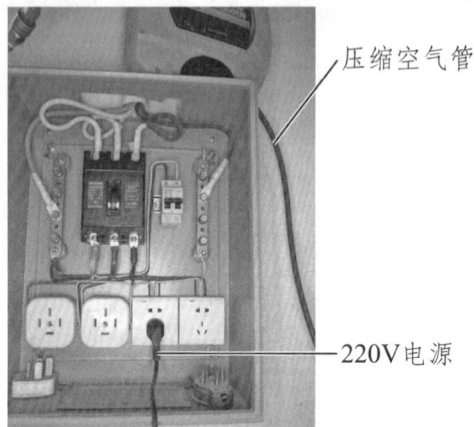

图4-12　高压电源与压缩空气

标准与结果记录:

□220V 高压电源连接、通电正常　　□压缩空气气压、连接正常

❹ 操作内容:场地、工具的检查

📝 **操作目的**

检查场地清洁和检测、调整用的基本工量具是否备齐,如图4-13 所示。

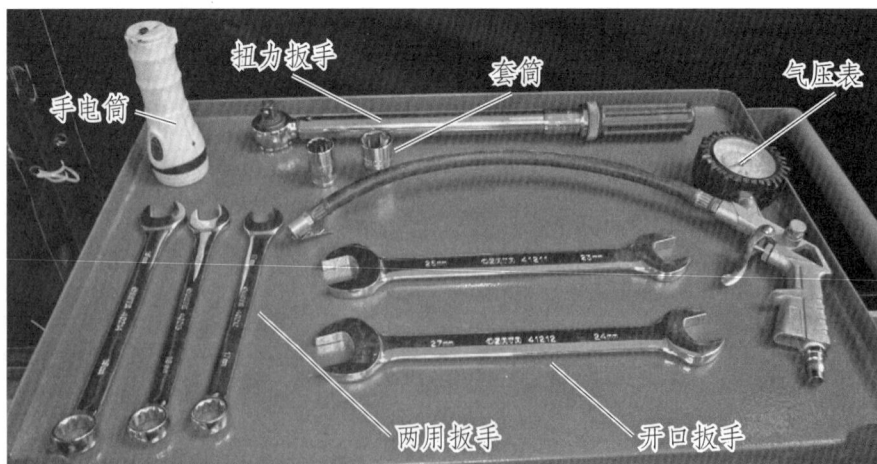

图4-13　所需工量具

标准与结果记录:

□场地清洁　　　　　　　　□气压表已备齐

□开口、梅花扳手已备齐　　□套筒扳手、扭力扳手已备齐

(二)检查车辆停放状态

操作说明

车辆停放状态的检查:将车辆开到举升机平台,目视检查车辆在举升机上停放整体是否水平(图4-14),检查前后车轮是否停放在转角盘和后滑板中心位置,检查转角盘和后滑板固定销子是否处于锁止状态(图4-15、图4-16)。

图4-14 车辆停放状态

图4-15 汽车前轮位于转角盘中心

图4-16 汽车后轮处于后滑板中间

❶ 操作内容:检查车辆停放是否周正

标准与结果记录:

☐前部无倾斜　　☐后部无倾斜

❷ 操作内容:检查前轮中心是否基本正对转角盘中心

标准与结果记录:

□左前轮对正转角盘中心　　　□右前轮对正转角盘中心

❸ 操作内容:检查转角盘固定销子是否锁止

标准与结果记录:

□左转角盘已锁止　　　□右转角盘已锁止

❹ 操作内容:检查后轮是否基本停放在后滑板中间部位

标准与结果记录:

□左后轮停在中部　　　□右后轮停在中部

❺ 操作内容:检查后滑板的固定销子是否在锁止状态

标准与结果记录:

□左后滑板已锁　　　□右后滑板已锁

(三) 车辆信息记录

操作目的

操作前对车辆的信息进行确认,如图4-17所示。这是为了掌握车辆信息状况、掌握与四轮定位相关的参数。记录这些信息的目的是为填写检测系统软件的参数提供实际数据。

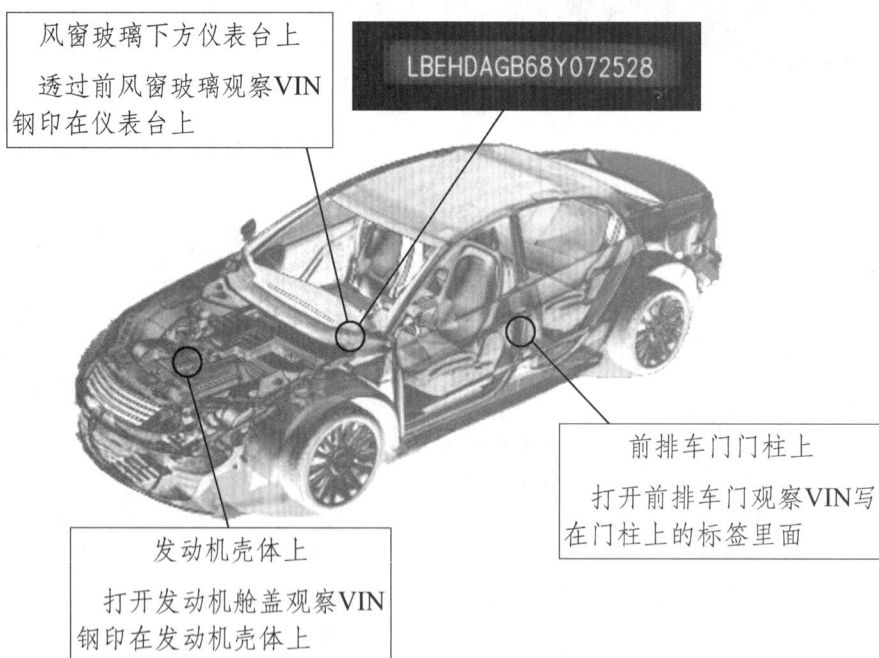

风窗玻璃下方仪表台上

透过前风窗玻璃观察VIN 钢印在仪表台上

LBEHDAGB68Y072528

前排车门门柱上

打开前排车门观察VIN写在门柱上的标签里面

发动机壳体上

打开发动机舱盖观察VIN 钢印在发动机壳体上

图4-17　汽车 VIN 码的位置

❶ 操作内容:找到车辆 VIN 码并记录

标准与结果记录:

1	2	3	4	5	6	7	8	9	10	11	12	13	14	15	16	17

❷ 操作内容:从车辆铭牌(图 4-18)处确定车型和生产年代、日期并记录

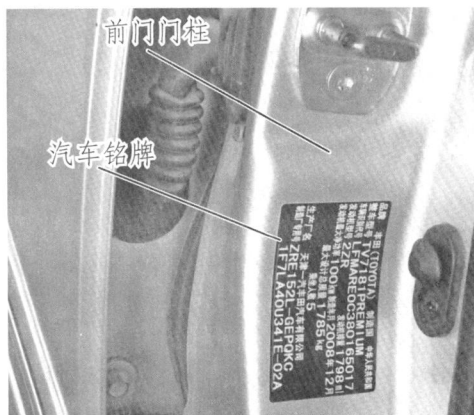

图 4-18　汽车铭牌

标准与结果记录:

车型_____,生产年份_____,生产日期_____月_____日。

❸ 操作内容:在随车的《用户手册》或燃油箱盖、门柱等处贴签的地方,找到轮胎标准气压(图 4-19)并记录

标准与结果记录:

前轮标准气压_____kPa,后轮标准气压_____kPa。

❹ 操作内容:在轮胎上找到轮胎型号(图 4-20)并记录

标准与结果记录:

轮胎型号_____,□四轮一致。

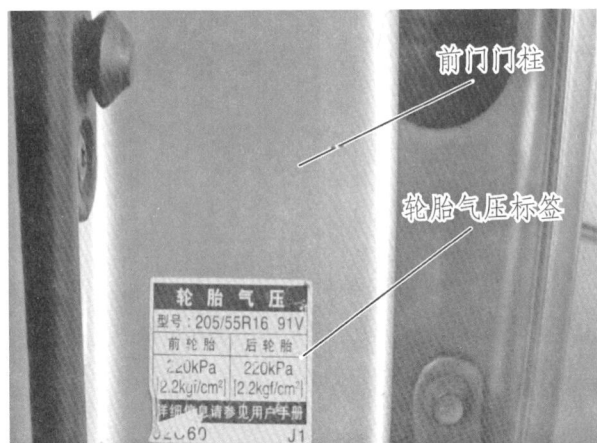

图 4-19　轮胎气压标签

图 4-20　轮胎型号

(四)车辆防护、安全确认与转向盘解锁

❶ 操作内容:安装车内防护五件套

📖 操作目的

　　为了避免在后续操作时弄脏车辆,对车辆进行操作前,必须安装地板垫、座椅套、转向盘套、换挡杆套和驻车制动杆套,如图 4-21 所示,以达到保护客户车辆的目的。

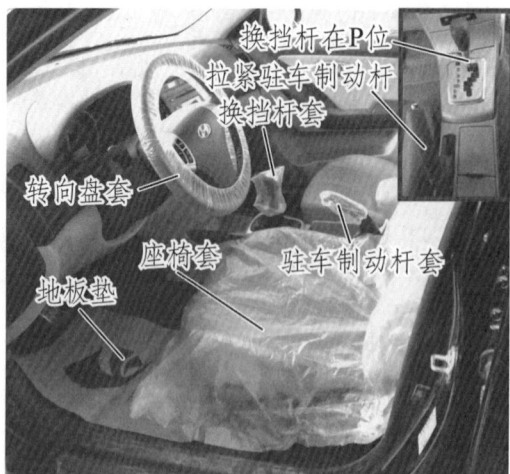

图 4-21　安装汽车防护件并确认驻车制动拉紧及换挡杆处于 P 挡位置

标准与结果记录:

□安装地板垫　　□安装座椅套　　□安装转向盘套

□安装换挡杆套　□安装驻车制动杆套

❷ 操作内容:确认驻车制动与换挡杆 P 位置

📋 操作目的

确认驻车制动拉紧与换挡杆处于 P 挡位置,如图 4-21 所示,避免在对车内进行检查时车辆移位甚至滑落,造成危险。

标准与结果记录:

□换挡杆在 P 挡位置　　　□已拉紧驻车制动杆

❸ 操作内容:转向盘解锁

📋 操作目的

转向盘解锁,为转向轮的摆动方向检查提供摆动自由量;并将转向盘置于正中位置,确认转向盘与转向轮对中的一致性,如图 4-22 所示。

图 4-22　解锁并打正转向盘

标准与结果记录:

□转向盘已解锁　　□转向盘在正中位置

❹ 操作内容:降下驾驶座侧门窗玻璃

📑 **操作目的**

作为车内操作的常规项目之一,降下驾驶座侧门窗玻璃(图4-23)是为后面从车外操纵转向盘做准备。

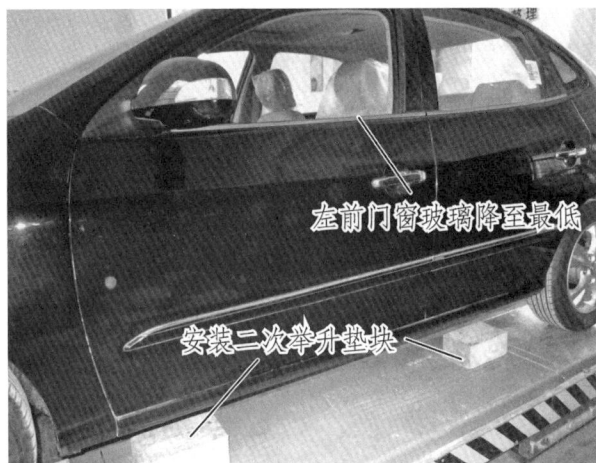

图4-23　安装二次举升垫块并降下左前玻璃

标准与结果记录:

□驾驶座侧门窗玻璃已降下至最低位置

❺ 操作内容:安装二次举升垫块

📑 **操作目的**

安装二次举升垫块(即安装小剪垫块),如图4-23所示,为小剪举升让车轮悬空做准备。

标准与结果记录:

□左前垫块已安装　　□右前垫块已安装　　□左后垫块已安装　　□右后垫块已安装

(五)检查车辆外观与承载

📑 **操作目的**

(1)车辆外观检查的目的:车辆外观不正常,说明车辆受撞击变形的影响,四轮定位参数可能发生变化,如有变形,先分析撞击方向,修复变形部位,再进行四轮定位的调整。

(2)承载对悬架造成不同重量的压缩量,从而影响四轮定位参数的准确性,标准的汽车装备质量能使悬架处于标准高度,进而得出标准的定位参数值。

① 操作内容:检查车身是否有严重撞击变形(图4-14)

标准与结果记录:

□车身前部无严重变形　　□车身后部无严重变形

② 操作内容:检查备胎和随车工具是否齐全(图4-24)

标准与结果记录:

□备胎安放在原位　　□随车工具齐全,安放在原位

③ 操作内容:检查驾驶室、行李舱内是否空载(图4-25)

图4-24　行李舱及标准装备

图4-25　后排座椅空载

标准与结果记录:

□驾驶室前排空载　　□驾驶室后排空载　　□行李舱内空载

④ 操作内容:检查燃油箱加注情况(图4-26)

图4-26　通过燃油表检查燃油加注情况

标准与结果记录:

□燃油已加满　　□燃油未加满,已添加

> **小提示**
>
> 燃油加注情况可以通过汽车仪表中的油量表进行观察。

（六）车轮部位的相关检查

📋 **操作说明**

（1）为了便于操作，进行以上2~5的操作内容时，车辆处于停放的最低位置，即举升机未升起。

（2）进行车轮部位的检查时，车辆则处于举升机小剪升起到车轮充分悬空，并让大剪举升到车轮齐胸位置的状态，便于对车轮进行检查操作。

注意：

举升机小剪升起到车轮充分悬空后，再将举升机大剪升起到中位，即车轮齐胸位置。

特别注意：大剪升起到中位停止以后，必须确认安全锁已经锁止到位，再进行作业。

❶ 操作内容：释放驻车制动并将挡杆换到 N 挡位置

📄 **操作目的**

释放驻车制动与挡杆换到 N 挡位置，如图 4-27 所示，以利于转动车轮并对车轮进行的检查。

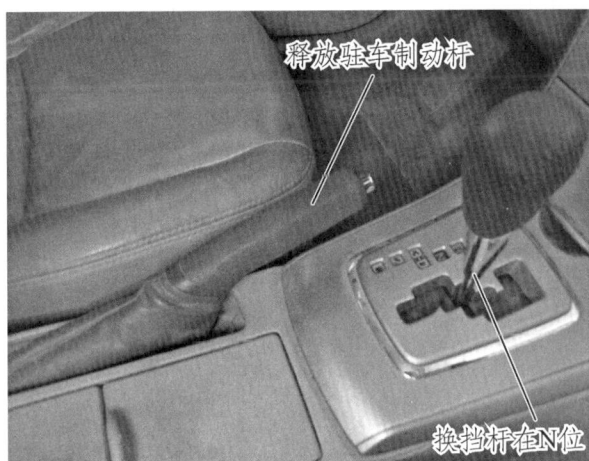

图 4-27　释放驻车制动并将挡杆换到 N 挡位置

标准与结果记录：

☐换挡杆已换到 N 挡位置　　☐已释放驻车制动杆

❷ 操作内容：举升机操作（图 4-28）

标准与结果记录：

☐举机小剪已举升至车轮悬空　　☐举升机已举升至齐胸位置
☐举升机大剪已锁止

安全注意事项：

举升机操作前必须与其他相关或不相关人员呼应，要有"准备举升车辆，请注意安全"的语言提示，确认安全后才能操作举升机动作，下同。

图 4-28　举升机上升到齐胸位置

❸ 操作内容:检查四个车轮的状况

📋 操作说明

　　检查车轮状况是指检查四个车轮轮胎花纹是否一致,各轮胎是否有裂纹、损坏、异常磨损,是否嵌入金属颗粒或异物(图4-29),测量各轮胎胎面沟槽深度和轮胎气压(图4-30),并判断是否符合要求。如果轮胎气压不符合标准,应及时加气至标准气压。

图4-29　检查轮胎表面

图4-30　测量轮胎气压

标准与结果记录:

检查项与填写要求	花纹一致性	是否有裂纹	是否损坏	是否异常磨损	是否嵌入颗粒或异物	测量沟槽深度并判断		轮胎气压和调整	
	一致"√" 不一致"×"	无裂纹"√" 有裂纹"×"	无损坏"√" 有损坏"×"	无磨损"√" 有磨损"×"	无嵌入"√" 有嵌入"×"	填实际测量值(mm)	正常"√" ≤2mm"×"	填实际测量值(kPa)	已调整"√" 已标准"√"
左前轮胎									
右前轮胎									
左后轮胎									
右后轮胎									

❹ 操作内容:目视检查四个车轮轮辋是否过度变形损坏或腐蚀

标准与结果记录:

检查项与填写要求	是否过度变形	是否腐蚀	是否损坏
	无变形"√",有变形"×"	无腐蚀"√",有腐蚀"×"	无损坏"√",有损坏"×"
左前轮辋			
右前轮辋			

续上表

检查项与填写要求	是否过度变形	是否腐蚀	是否损坏
	无变形"√",有变形"×"	无腐蚀"√",有腐蚀"×"	无损坏"√",有损坏"×"
左后轮辋			
右后轮辋			

⑤ 操作内容:检查车轮转动状况

📋 操作说明

检查时扳动车轮,检查四个车轮轴承是否松旷;转动车轮,观察转动状况(图4-31a),听听是否有异常噪声(图4-31b)。

a)

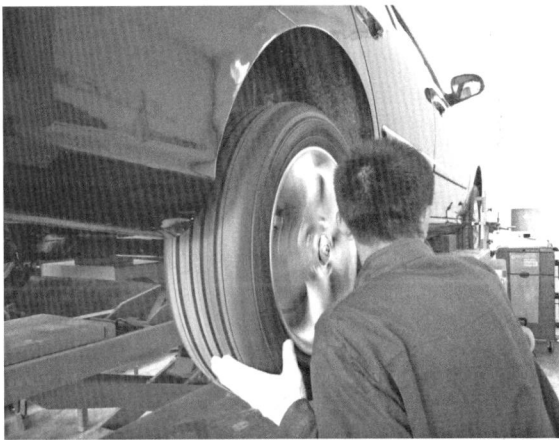
b)

图4-31 轮辋与轴承状况的检查

标准与结果记录:

检查项与填写要求	轴承是否松旷	转动状况是否正常	是否有异常噪声
	无松旷"√",有松旷"×"	正常"√",不正常"×"	无噪声"√",有噪声"×"
左前车轮			
右前车轮			
左后车轮			
右后车轮			

(七)车辆底盘部位的相关检查

🔍 小提示

底盘部位的检查,车辆处于大剪举升到高于头顶,又便于在车底站立操作的高位置(图4-32)。举升机小剪仍然可以处于让车轮充分悬空的位置。

图 4-32　举升机处于高位

安全注意事项:

大剪升起到高位停止以后,必须先确认安全锁已经锁止到位,随后再进入车辆底部操作,并随时注意安全。

1 操作内容:检查转向连接机构

📋 **操作说明**

目视和手动检查转向拉杆有无弯曲和损坏,球头是否松动,防尘套是否开裂和撕破,如图4-33所示。

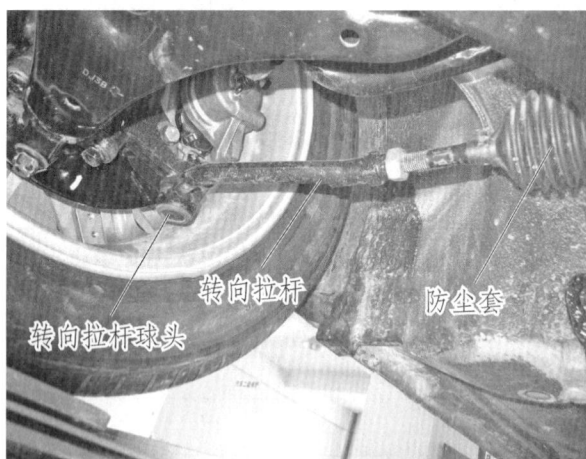

图 4-33　检查转向连接机构

标准与结果记录:

检查项与填写要求	拉杆有无弯曲 无弯曲"√", 有弯曲"×"	拉杆有无损坏 无损坏"√", 有损坏"×"	球头是否松动 无松动"√", 有松动"×"	防尘套是否开裂和撕破 无开裂"√", 有开裂"×"
左转向拉杆				
右转向拉杆				

❷ 操作内容:检查左右转向节是否损坏(图4-34)

标准与结果记录:

☐左转向节无损坏　　☐右转向节无损坏

❸ 操作内容:检查稳定杆有无变形和损坏(图4-34)

标准与结果记录:

☐左前稳定杆无损坏

☐右前稳定杆无损坏

☐前稳定杆无损坏

☐左后稳定杆连杆无变形损坏

☐右后稳定杆连杆无变形损坏

☐左后支撑杆无变形损坏

☐右后支撑杆无变形损坏

☐后稳定杆无损坏

图4-34　检查车轮连接件及稳定杆

❹ 操作内容:检查转向轮下球节有无损坏(图4-34)

标准与结果记录:

☐左前下球节无损坏　　☐右前下球节无损坏

❺ 操作内容:检查前、后桥下悬架臂及车桥是否损坏(图4-34)

标准与结果记录:

☐左前下悬架臂无损坏　☐右前下悬架臂无损坏

☐左后前悬架臂无损坏　☐右后前悬架臂无损坏

☐左后拖臂无损坏　　　☐右后拖臂无损坏

☐前桥副车架无损坏　　☐后桥无损坏

❻ 操作内容:目视检查前、后减振器外观是否变形、损坏或漏油(图4-35)

标准与结果记录:

检查项与填写要求	是否变形	是否损坏	是否漏油
	无变形"√",有变形"×"	无损坏"√",有损坏"×"	无漏油"√",有漏油"×"
左前减振器			
右前减振器			
左后减振器			
右后减振器			

❼ 操作内容:目视检查前、后螺旋弹簧是否损坏(图4-35)

标准与结果记录:

☐左前弹簧无损坏　☐右前弹簧无损坏　☐左后弹簧无损坏　☐右后弹簧无损坏

图 4-35　检查减振器与弹簧

　小提示

　　车辆的前期准备与检查到此才算完成。值得注意的是:如果发现底盘和悬架装置存在严重问题,应当在检测电脑系统"车辆状况"中输入相关内容,以便打印出检测结果时一并分析,由此来完美地调整好定位参数。

子任务 2　设备操作与检测

　　四轮定位设备的准备与检测操作指在进行四轮定位检测前,对四轮定位仪平台、传感器的安装和检测系统软件的准备。准备工作主要包含以下方面的内容:

　　(1)校准举升器上的转角盘和后滑板,并根据轮距和轴距调整举升器或转角盘、后滑板宽度;

　　(2)安装测量夹具和传感器,利用传感器上的水平气泡进行调平;

　　(3)检测系统软件的准备。

　　设备及系统软件的准备与四轮定位参数检测的具体操作规程如下。

(一) 检测系统软件的准备

　小提示

　　以下针对检测电脑系统的操作,可以根据需要放在前面对车辆的准备与检查过程中交叉进行。

❶ 操作内容:进入系统、填写表格

　操作说明

　　电脑开机,点击"四轮定位检测"图标,然后进入客户档案管理界面。在客户档案管理界面"当前维修单位信息"栏输入检修车辆信息档案,并填写相应编号,在规定位置输入车辆 VIN 号(汽车识别代号),如图 4-36 所示。

客户档案列表 当前维修单信息 档案化记录	
维修单号/工位	2012120100
维修人员	
维修单注释	
检测原因	
用户编号	201212007
公司	贵阳市交通学校
姓名	王宏
地址	
邮编/城市	
电话	传真
移动电话	电子信箱
注释	

车牌号	贵A A0001
汽车识别号	LBEHDAGB68Y072528
车辆关键号	
第一次登记	
行驶里程	

特征	数值
车型资料来源	–
车辆类型	–
制造厂商	–
型号	–
系列	–
等级	–
生产起始日期	–
生产结束日期	–

图 4-36　填写车辆信息

标准与结果记录：

□维修单号、工位号已填写　　□用户信息已填写　　□车辆信息、VIN 已填写

❷ 操作内容：选择车型数据

📋 **操作说明**

在"车辆选择"栏，根据车型、年份在数据库中找到相应车型，完成车型数据选择，如图 4-37 所示。

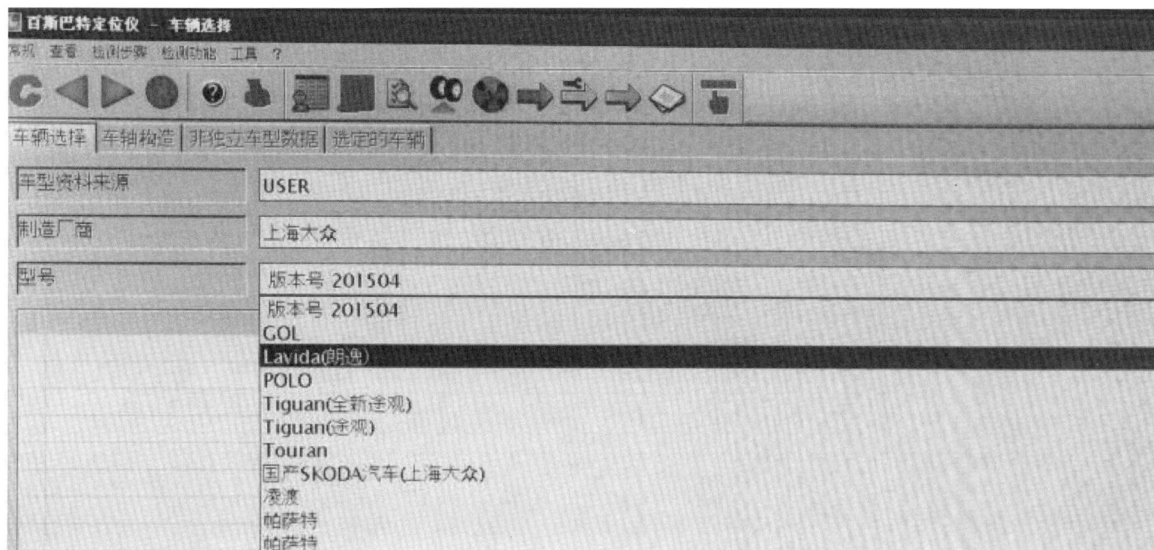

百斯巴特定位仪 — 车辆选择	
屏机　查看　检测步骤　检测功能　工具　?	

车辆选择	车轴构造	非独立车型数据	选定的车辆

车型资料来源	USER
制造厂商	上海大众
型号	版本号 201504

版本号 201504
GOL
Lavida(朗逸)
POLO
Tiguan(全新途观)
Tiguan(途观)
Touran
国产SKODA汽车(上海大众)
凌渡
帕萨特
帕萨特

图 4-37　选择车型数据

标准与结果记录:

□制造商已选择:＿＿＿＿＿＿　　　□车辆型号已选择:＿＿＿＿＿＿

□车型年份已选择:＿＿＿＿＿＿

小提示

在这一界面,当车辆选择完成以后,可以通过"选定的车辆"对话框查看本车型的定位参数如图4-38所示,也可以打印出来作为参考。

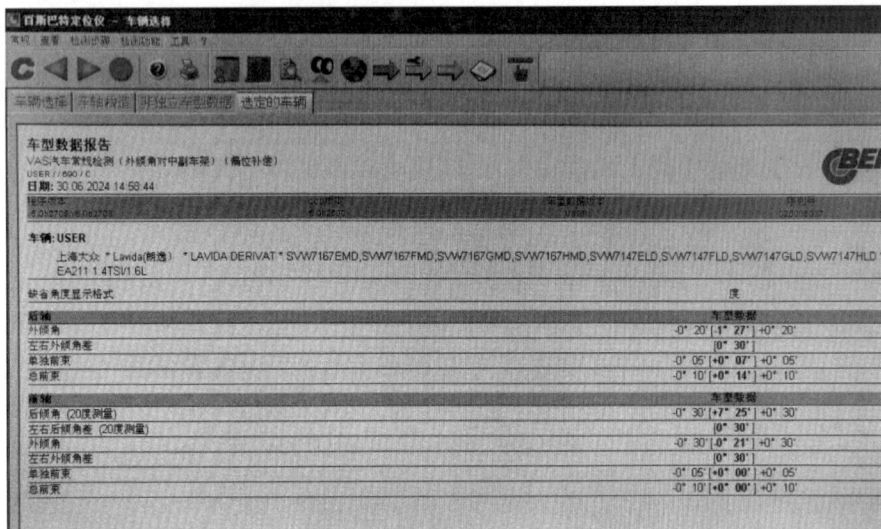

图4-38　查看车型的定位参数

3 操作内容:填写车辆状况

操作说明

在"车辆状况"栏,输入轮胎信息:前、后轮气压,前、后轮规格、型号,前、后轮胎面沟槽深度。完成前后轮胎状况选择,如图4-39所示。

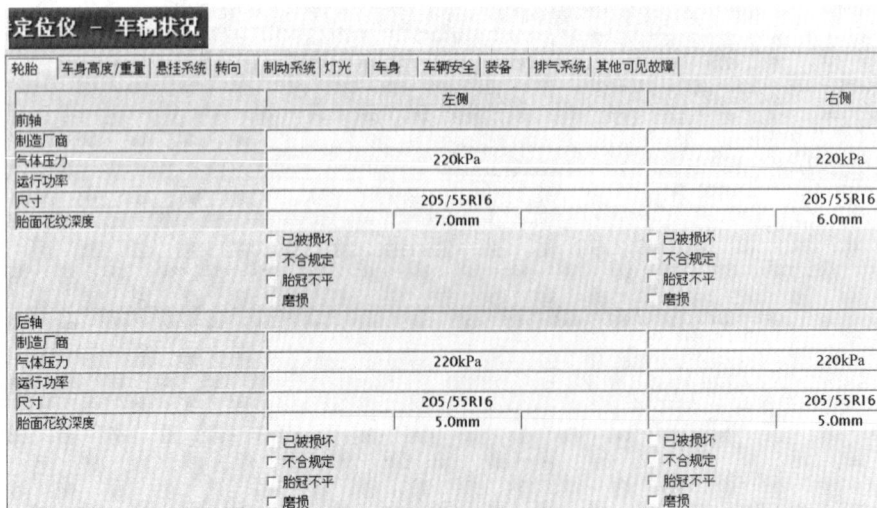

图4-39　输入轮胎信息

标准与结果记录:

□轮胎气压已填写:左前轮_____,右前轮_____,

左后轮_____,右后轮_____

□轮胎型号已填写:_____

□胎面花纹深度已填写:左前轮_____,右前轮_____,

左后轮_____,右后轮_____

□轮胎状况已选择打"√",有问题项:_____

📄 **操作提示**

　　四轮定位检测系统软件部分的准备至此结束,接下来的屏幕画面须配合以下设备和车辆的操作进行。

(二) 检测设备硬件的准备

设备硬件的准备是指定位仪传感器与车辆的连接。

🔍 **小提示**

　　设备硬件的准备,要先将车辆从大剪高位降至最低位置并落锁,同时小剪也应回落到最低位,让车轮触及平台达到稳固,便于安装卡具和传感器。

❶ 操作内容:举升机平台操作(图 4-14)

标准与结果记录:

□确认举升平台(举升机大剪)降到最低落锁位置并落锁

□小剪缓慢回落,车轮已触及平台

❷ 操作内容:手制动与换挡杆 P 挡位置的操作

📄 **操作目的**

　　车辆处于驻车状态,换挡杆处于 P 挡位置,防止安装卡具和传感器操作时车轮转动、车辆移位甚至滑落,造成危险(图 4-21)。

标准与结果记录:

□换挡杆挂到 P 挡位置　　□已拉紧驻车制动杆

❸ 操作内容:安装车轮的传感器卡具

📄 **操作目的**

　　安装四个车轮的传感器卡具,如图 4-40 所示,以便于将传感器安装到各个车轮。

标准与结果记录:

□已安装左前轮卡具并固定好　　□已安装右前轮卡具并固定好

□已安装左后轮卡具并固定好　　□已安装右后轮卡具并固定好

4 操作内容:安装并启动四个车轮的传感器

📖 **操作目的**

安装并启动四个车轮的传感器(图4-41),让传感器测量的车轮位置信号传输给检测电脑的软件系统,软件系统再通过内部程序的运算得出各个车轮的定位参数值,最终才能确定四轮定位是否符合标准要求。

图4-40　安装卡具

图4-41　安装并启动传感器

标准与结果记录:

检查项与填写要求	传感器已安装到位 确认到位"√" 未确认"×"	有线信号传输系统		无线信号传输系统	
		确认连接"√" 未连接"×"	已启动传感器"√" 电脑未收到信号"×"	已启动传感器"√" 未启动传感器"×"	电脑已收到信号"√" 电脑未收到信号"×"
左前轮传感器					
右前轮传感器					
左后轮传感器					
右后轮传感器					

🔍 **小提示**

目前四轮定位仪有无线和有线两种传感器,填写上表时请注意区分,只在"有线信号传输系统"和"无线信号传输系统"选择其中一种进行操作和填写。

(三)检测过程操作

📋 **操作说明**

(1)检测过程包含"轮毂偏位补偿"和"左、右转向20°检测"两个阶段。首先,因为需要转动车轮进行轮毂补偿,需让车轮离开平台10cm左右,同时换挡杆要在N挡位置,驻车制动也要释放。

（2）进行由主菜单程序引导测量时，汽车底盘测量的顺序由计算机软件控制，对每一个测量的数值都有相应的汽车底盘示意图，并以标准值/测量值对比的形式显示出来。如果测量值在规定范围内，该数值以绿色显示，否则将以红色显示。

主要内容包括：

（1）将汽车转向盘置于直行位置，系统可测得后轴的前束和外倾角值；

（2）按"继续下一步"按键；

（3）将汽车转向盘向左和向右各转20°，得到主锁后倾角，主销内倾角和前束值的差值；

（4）打正汽车转向盘至直行位置，根据显示器上的提示，测量前轴的前束和外倾角。

如果上述测量值均在标准值公差范围内时，就可直接打印出测量数据，不必再进行调整和调整后的测量。如果测量值超出标准值公差范围，就必须进行调整，调整后还要进行调整后的测量确认。

📖 **小提示**

检测过程可通过软件系统提示（"继续下一步"和"退回上一步"）的按键来完成。操作时计算机屏幕显示的主菜单程序有操作步骤的指示。

1 操作内容：举升机平台操作

📄 **操作目的**

让举升机大剪位于最低落锁位置，并将小剪举升至车轮离开大剪平台10cm左右，如图4-42所示，为轮毂偏位补偿操作做好准备。

图4-42 举升机处于低位、车轮悬空

标准与结果记录：

□小剪举升,让车轮离开平台10cm左右

□确认举升机大剪在最低落锁位置,没有举升动作

❷ 操作内容:驻车制动与换挡杆N挡位置的操作

📝 **操作目的**

释放驻车制动并将换挡杆挂到N挡位置,以便进行轮毂偏位补偿时转动车轮。

标准与结果记录:

□换挡杆挂到N挡位置   □已释放驻车制动杆

❸ 操作内容:进行四个车轮的轮毂偏位补偿

●学习提示

进行四个车轮的轮毂偏位补偿时,每个车轮必须按下表表头的横向逐一操作,每个车轮操作项目完成之后在对应空格内打"√"。

📝 **操作目的**

轮毂偏位补偿是指在进行车轮定位检测前,对每个车轮因为安装卡具等原因造成的轮毂偏位进行补偿,计算出的结果对定位检测参数进行必要的修正。

📋 **操作说明**

操作方法为:单个车轮每转动90°,停下(图4-43),然后通过传感器的水平尺调整好水平,再按一下"补偿"键,等待检测软件系统计算(图4-44),电脑屏幕显示完毕之后再接着转动90°……需要注意的是,当最后一次转动90°,车轮回到初始位置时,水平调整好以后应该按"计算"键而不是"补偿"键(图4-45)。待检测软件系统计算完成后,该车轮的轮毂偏位补偿操作即完成。

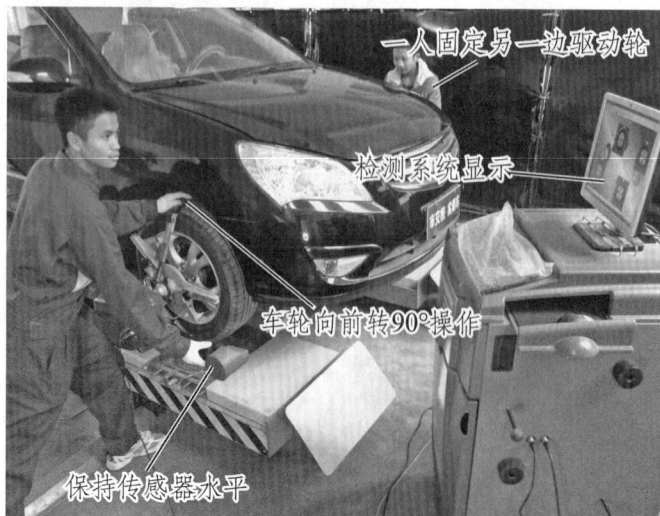

图4-43　轮毂偏位补偿操作

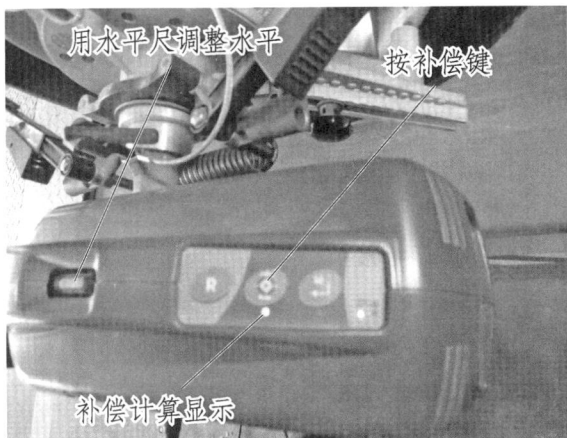

图 4-44　调整水平与补偿计算

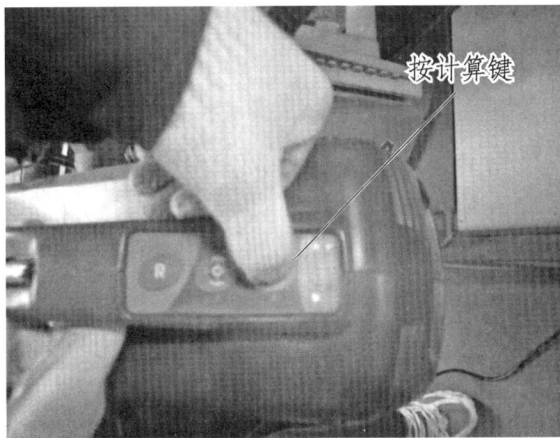

图 4-45　补偿完毕按"计算"键

标准与结果记录：

检查项与顺序	第一次向前转动 90°	调水平	按补偿键	确认电脑显示	第二次向前转动 90°	调水平	按补偿键	确认电脑显示	第三次向前转动 90°	调水平	按补偿键	确认电脑显示	第四次向前转动 90°	调水平	按计算键	确认电脑显示	偏位补偿值显示
左前轮毂补偿																	
右前轮毂补偿																	
左后轮毂补偿																	
右后轮毂补偿																	

注意：

(1) 对驱动轮进行轮毂偏位补偿时，需要两个人进行配合作业，即一人用手固定一边车轮，另一人对另一边车轮进行补偿操作。因为在车辆静止的情况下转动驱动轮的一个车轮，另一边车轮会由于差速器的作用反向转动。

(2) 在对每个车轮的每一个 90° 补偿操作结束后，都要观察电脑屏幕的显示情况，如图 4-46 所示。如果传感器水平没调整好，信号因为遮挡而中断，或者操作者还没等到电脑屏幕显示完成就进行下一步操作，都会导致这个车轮的轮毂偏位补偿失败，必须重来。

🔍 小提示

　　四个车轮的轮毂偏位补偿全部完成后，检测系统软件会计算出偏位补偿计算结果，如图 4-47 所示，然后才出现下一步的操作提示。随后，作业者还要将车辆从小剪降到最低位，并用制动锁将制动踏板顶住，以便于左、右转向 20° 的检测。

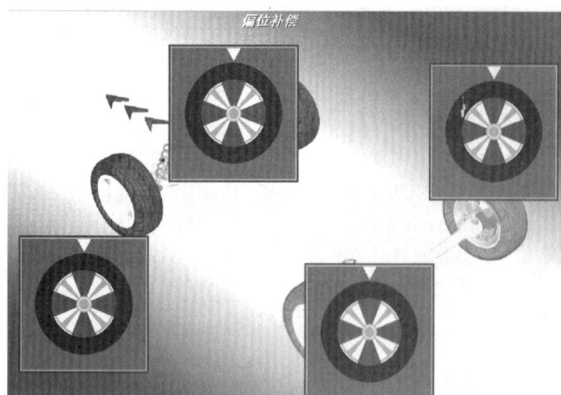

图 4-46　偏位补偿操作前显示的界面

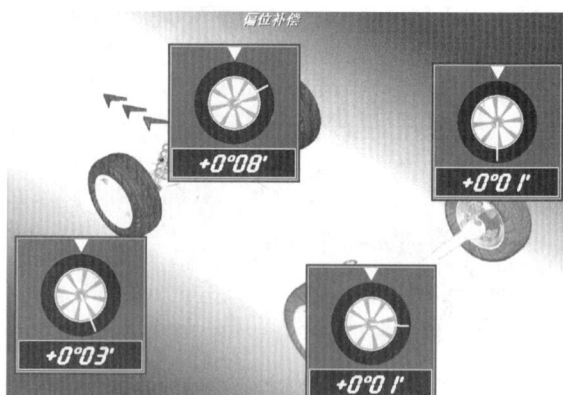

图 4-47　偏位补偿操作结束后的界面

❹　左、右转向 20°检测

📋 **操作说明**

（1）在进行左、右转向 20°检测阶段，需要转动方向，而检测软件系统对转动方向的信号感知是通过转角盘的传感器获得的，所以车辆又需要从刚举升的小剪上完全降下到最低位，使车辆充分压在举升机大剪平台上，并确保转角盘处于可水平转动的活动状态。

（2）挡杆处于 P 挡位置，驻车制动处于驻车状态，同时用制动锁将制动踏板顶住，保证四个车轮处于制动状态，以免在转向时车轮转动而影响传感器的水平。

（3）人因重量而不能进入车内，只能从车外操作转向，必要时在左前车门旁放置便于人员站上去操作转向盘的凳子。

1）操作内容：放松转角盘和后滑板

📋 **操作目的**

拔出转角盘和后滑板的固定销，如图 4-48 所示，便于车辆下降后自动适应，车辆处于自由停放状态。

拔出转角盘固定销

拔出后滑板固定销

图 4-48　拔出转角盘和后滑板锁销

标准与结果记录：

☐取下左前转角盘固定销　　☐取下右前转角盘固定销

☐取下左后滑板的固定销　　☐取下右后滑板的固定销

2) 操作内容:举升机平台操作并检查前后车轮是否处于转角盘和后滑板中心

📋 **操作说明**

下降举升机平台的小剪(图4-14),并检查前后车轮是否处于转角盘(图4-15)和后滑板中心(图4-16),必要时重新举升小剪,用移动转角盘和后滑板的方法调整到位。

标准与结果记录：

☐小剪降下,到车辆处于最低位,让车辆充分压在举升机大剪平台上

☐检查左前轮处于左转盘中心　　☐检查右前轮处于右转盘中心

☐检查左后轮处于左后滑板上　　☐检查右后轮处于右后滑板上

3) 操作内容:减振器复位操作

📋 **操作目的**

按动车辆前后部,使减振器复位,处于车辆正常停放的压力状态,如图4-49所示。

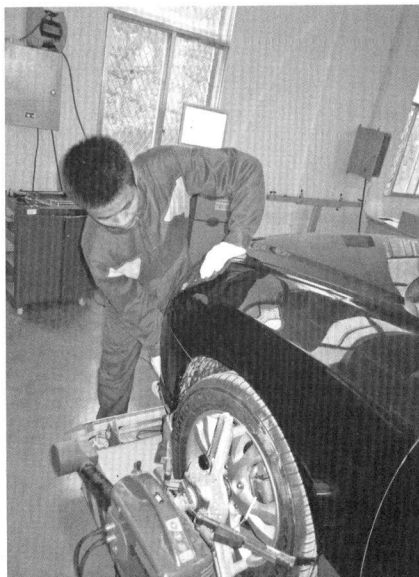

图4-49　减振器复位

标准与结果记录：

☐已按动车辆前部数次　　☐已按动车辆后部数次

4) 操作内容:驻车制动与换挡杆P挡位置

📋 **操作目的**

拉紧驻车制动,并将换挡杆挂到P挡位置,防止进一步检测时转动车轮影响传感器的水平(图4-21)。

标准与结果记录：

☐换挡杆挂到 P 挡位置　　☐拉起驻车制动杆

5)操作内容:顶住制动踏板

📋 **操作说明**

使用制动锁顶住制动踏板,如图4-50所示,使四个车轮处于制动状态,防止进一步检测时转动车轮,影响传感器的水平。

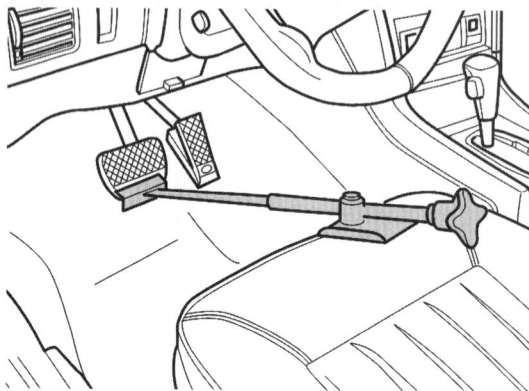

图 4-50　用制动锁顶住制动踏板

标准与结果记录：

☐已顶住制动踏板

6)进行左、右转向 20°检测操作

(1)操作内容:转向盘对中检测。

标准与结果记录：

☐转向盘已对中(图4-22)

☐检测电脑已接收信号,并变绿(图4-51)

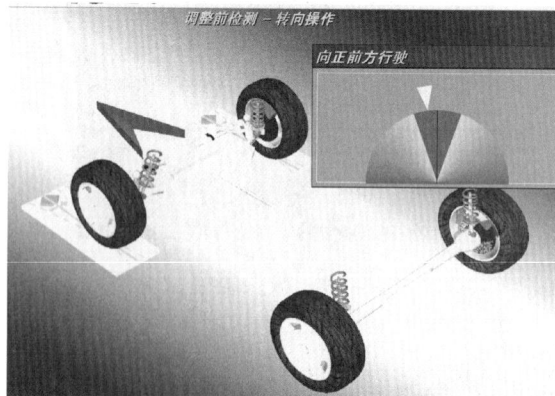

图 4-51　转向盘对中检测

🔍 **小提示**

在保证转向盘安装对中的前提下,以转向盘对中为准,勿以屏幕提示的转向轮对中为准,因为有可能是因为转向轮参数已经发生变化。

（2）操作内容：检查车轮传感器是否水平。

📋 **操作说明**

检查前后车轮传感器是否水平，必要时通过传感器调整到水平状态（图4-44），同时观察屏幕显示（图4-52），直到四个车轮全部达到水平为止，如图4-53所示。

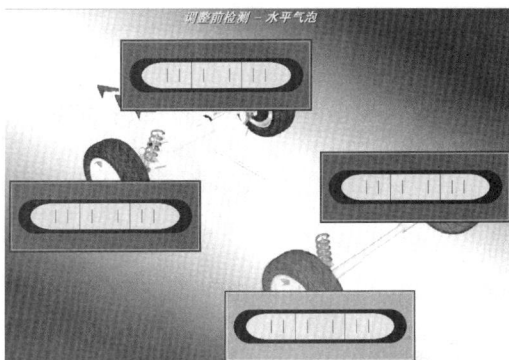

图4-52　传感器水平调整前屏幕显示

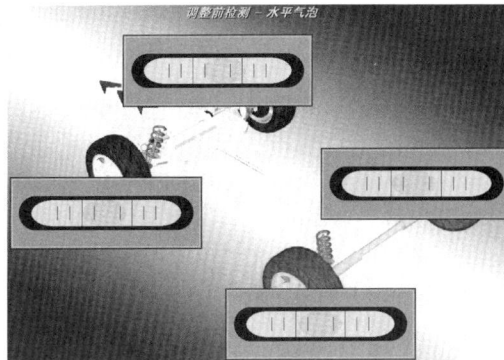

图4-53　传感器水平调整后屏幕显示

标准与结果记录：

操作项与填写要求	水平尺是否水平 已水平"√"，未水平"×"	是否已调整到水平状态 已调整"√"，无法调整 "×"	检测电脑已确认 已确认"√"，无法确认 "×"
左前车轮传感器水平尺			
右前车轮传感器水平尺			
左后车轮传感器水平尺			
右后车轮传感器水平尺			

（3）操作内容：分别向左、向右转向20°检测。

📋 **操作说明**

按照程序引导，分别向左、向右转向20°检测，并注意观察检测电脑屏幕的显示，如图4-54所示。

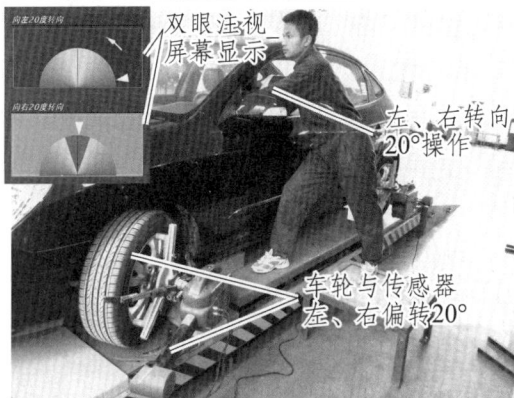

图4-54　左、右转向20°检测

标准与结果记录:

☐已向左转向 20°　　　☐检测电脑已确认,已变绿

☐已向左转向 20°　　　☐检测电脑已确认,已变绿

☐转向盘已对中　　　　☐检测电脑已确认,已变绿(图 4-55)

☐屏幕已显示前轮前束值(图 4-56)

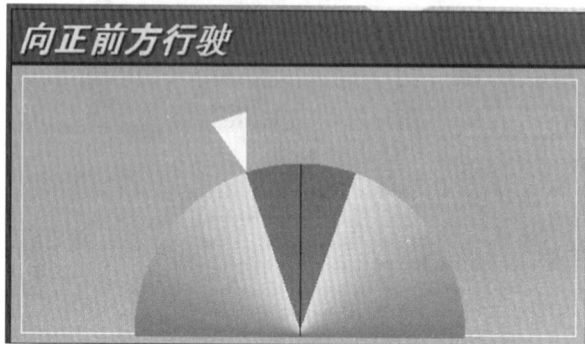

图 4-55　转向盘对中与确认

图 4-56　前束值检测结果显示

(4)操作内容:检测结果的显示与打印。

> **操作说明**
>
> 　　根据屏幕显示前轮前束值,按"前进图标",屏幕显示表格样式的检测报告(图 4-57),就可以打印了。

检测报告(表格方式)	检测报告(图形方式)	轮胎老化		
后轴			调整前检测	车型数据
外倾角		左侧 右侧	-1° 41' -1° 39'	-0° 30'[-1° 30']+0° 30'
左右外倾角差			-0° 01'	[0° 45']
单独前束		左侧 右侧	+0° 28' +0° 07'	-0° 05'[+0° 10']+0° 05'
总前束			+0° 35'	-0° 10'[+0° 21']+0° 10'
前轴偏位			+0° 48'	
几何驱动轴线			-0° 10'	
前轴			调整前检测	车型数据
后倾角 (20°测量)		左侧 右侧	+4° 54' +4° 43'	-0° 30'[+4° 22']+0° 30'
主销内倾角 (20°测量)		左侧 右侧	+13° 21' +13° 52'	-0° 30'[+13° 31']+0° 30'
转向前展差		左侧 右侧	-1° 42' -2° 15'	
外倾角		左侧 右侧	-0° 40' -0° 56'	-0° 30'[-0° 34']+0° 30'
左右外倾角差			+0° 16'	[0° 45']
单独前束		左侧 右侧	-1° 01' -1° 00'	-0° 05'[+0° 00']+0° 05'
总前束			-2° 01'	-0° 09'[+0° 00']+0° 09'
前轴偏位			+0° 08'	
车轮与主销夹角(20°测量)		左侧 右侧	+12° 45' +12° 54'	

图 4-57　全部检测结果显示

标准与结果记录:

☐屏幕已显示检测报告 ☐已按"前进图标"

☐已打印表格样式的检测结果 ☐已分析检测结果,需要调整＿＿＿＿＿参数

🔍 **小提示**

确定需要调整的项目之后,须用转向盘锁将转向盘固定,如图4-58所示,以免调整时转向机构运动,导致不易观察和影响调整的准确性。

图4-58 用转向盘锁将转向盘锁止

操作内容:锁止转向盘

标准与结果记录:

☐已用转向盘锁将转向盘锁止固定

子任务3 定位参数调整

(一)调整操作规程

调整工作的具体操作,可以按照选择主菜单"调整"项的程序进行调整,如果定位系统里没有提示,也可按以下步骤进行。

调整原则:先调后轮的参数,后轮先调车轮外倾角,后调车轮前束;再调前轮的参数,前轮先调主销后倾角,后调前轮外倾角,最后调前轮前束。

调整方法:四轮定位的调整机构归纳起来基本上有:凸轮式、垫片式、位移式、撑杆式、偏心套式、凸轮与拉杆配合式、推拉式和偏心式等几种。虽然这几种调整机构在各车型中用在不同的调整项目上,但同一种类型的调整机构,其调整方法是一样的。

❶ 调后轮的参数

后轮参数的调整应先调车轮外倾角,后调车轮前束。

🔍 **小提示**

(1)不同品牌、不同车轮调整位置和调整方法不同,可借助检测系统主菜单中的"帮助程序";

（2）在后轴的调整过程中,应密切留意显示屏上数据的变化情况,使显示值由"红色"转变为"绿色"。

（1）操作内容:调整车轮外倾角。

操作说明

图4-59所示为奥迪车后轮外倾角的调整位置。

松开锁紧螺母,转动中间部分的轴,将此轴变长则外倾角增大,反之此轴变短为外倾角减小。

标准与结果记录:

□左后轮外倾已调整达到标准,锁紧螺母已锁止

□右后轮外倾已调整达到标准,锁紧螺母已锁止

注意:

①调整达到标准范围后,将锁紧螺母锁紧固定;

②其他车型找到调整后轮外倾角的调整位置的技巧在于观察车架与车轮的连接情况,若此处伸长或缩短对车轮外倾角有影响,则为调整位置;

③如果该车型不提供可调整位置,则此车后轮外倾角不可调整。

（2）操作内容:调整后轮前束。

操作说明

图4-60所示为上海通用凯越汽车后轮前束的调整位置。

调整方法为:松开横向连杆与横梁的锁紧螺母,然后旋转螺母处的偏心轴,直到后轮前束值符合标准要求,再锁紧螺母。

图4-59 奥迪汽车后轮外倾角的调整位置

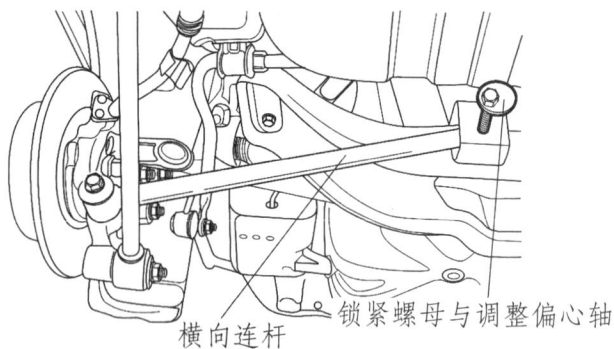

图4-60 凯越汽车后轮前束的调整位置

标准与结果记录:

□左后轮前束已调整达到标准,锁紧螺母已锁止

□右后轮前束已调整达到标准,锁紧螺母已锁止

□后轮总前束已调整达到标准

> 🔍 **小提示**
>
> 　　(1)其他车型找到调整后轮前束调整位置的技巧在于观察车架与车轮的连接情况,如果伸长或缩短对车轮前束有影响,则为调整位置;
>
> 　　(2)如果该车型不提供可调整位置,则此车后轮前束不可调整。

❷ 调前轮的参数

前轮参数调整完毕之后,再调前轮的参数。

> 📋 **操作说明**
>
> 　　前轮先调主销后倾角,后调前轮外倾角,最后调前轮前束,因为主销内倾通常与前轮外倾作为一个零件进行加工件,不可单独调整,所以调前轮外倾角时应同时观察主销内倾的变化。

> 🔍 **小提示**
>
> 　　观察显示屏幕上的数据是否调整到标准值公差范围内,使显示值由"红色"转变为"绿色"。

(1)操作内容:调主销后倾角(图4-61)。

标准与结果记录:

□左前轮主销后倾角已调整达到标准,锁紧螺母已锁止

□右前轮主销后倾角已调整达到标准,锁紧螺母已锁止

(2)操作内容:调前轮外倾角(图4-62)。

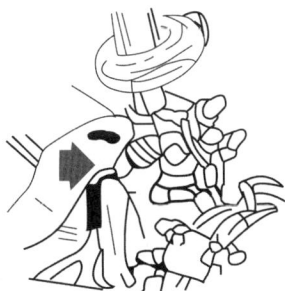

图4-61　别克轿车前轮主销后倾角调整位置　　图4-62　某轿车前轮外倾角调整位置

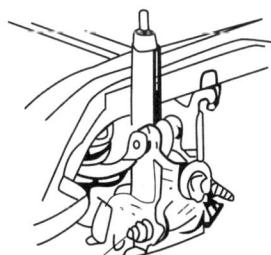

标准与结果记录:

□左前轮外倾角已调整达到标准,已观察左前轮主销内倾角在标准范围内,锁紧螺母已锁止

□右前轮外倾角已调整达到标准,已观察右前轮主销内倾角在标准范围内,锁紧螺母已锁止

(3)操作内容:调前轮前束。

所有的前轮前束都可以调整,而且都通过转向横拉杆进行调整。下面以独立式悬架的轿车为例,说明调整前轮前束的具体步骤。

①对准转向柱和转向机标记,将转向盘调整到中心位置,如图4-63所示。

标准与结果记录:

□已对准转向柱与转向机标记

□已将转向盘调整到中心位置

②记下左前轮的前束值,以此作为参考。

③松开调整右前轮转向拉杆,在调整过程中确保左前轮的前束值不变,直到右前轮前束值调整到目标值为止,锁紧右转向拉杆,如图4-64所示。

图4-63 对准转向柱和转向机标记

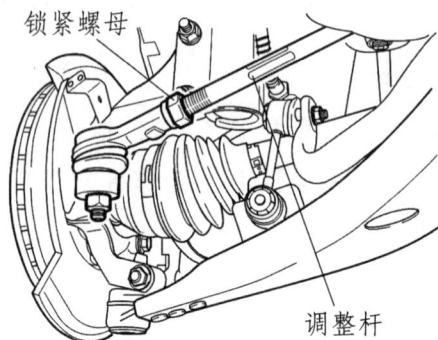

图4-64 车轮前束的调整与锁紧位置

④记下右前轮的前束值,以此作为参考。

⑤遵照步骤③调整左前轮的前束值,直至达到标准值为止,锁紧左转向拉杆。

标准与结果记录:

□左前轮前束已调整达到标准,锁紧螺母已锁止

□右前轮前束已调整达到标准,锁紧螺母已锁止

□前轮总前束已调整达到标准

(二) 调整后的测量确认

操作目的

调整后测量和调整前测量步骤大体相同,目的是测量调整后的四轮定位数据是否达到标准范围。如果所有参数的测量值均符合标准,则打印测量后检测数据单,收拾整理工位即结束工作。如果有一项或多项参数不在标准范围内,则需要继续调整至标准值为止。

操作内容:调整后的确认

标准与结果记录:

□左前轮前束已显示变绿　　□右前轮前束已显示变绿　　□前轮总前束已显示变绿

□左后轮前束已显示变绿　　□右后轮前束已显示变绿　　□后轮总前束已显示变绿

□左前轮外倾角已显示变绿　□右前轮外倾角已显示变绿

□左后轮外倾角已显示变绿　□右后轮外倾角已显示变绿

□左前轮主销后倾角已显示变绿　□右前轮主销后倾角已显示变绿

□已打印测量后的检测数据单

(三) 工位的整理与清洁

操作目的

完成检测并调整好四轮定位的作业后,按照8S现场管理要求,对工位进行彻底地整理、整顿、清洁与清扫工作。

❶ 操作内容:传感器放回充电(图4-65、图4-66)

图4-65 传感器放回充电

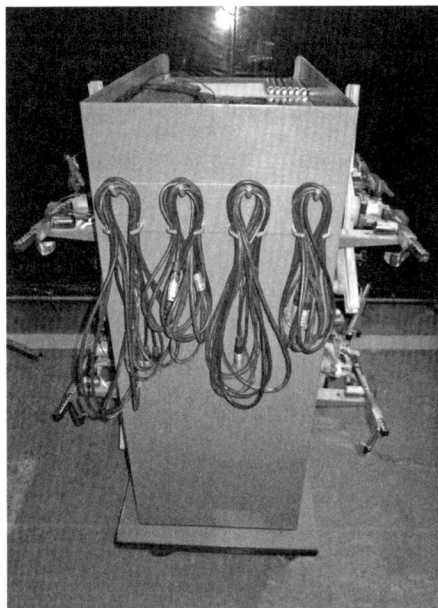

图4-66 放回传感器线缆

标准与结果记录:

☐左前传感器已放回充电位置,确认充电指示灯点亮

☐左前传感器线缆已收并放回原位

☐右前传感器已放回充电位置,确认充电指示灯点亮

☐右前传感器线缆已收并放回原位

☐左后传感器已放回充电位置,确认充电指示灯点亮

☐左后传感器线缆已收并放回原位

☐右后传感器已放回充电位置,确认充电指示灯点亮

☐右后传感器线缆已收并放回原位

小提示

按照方便性的原则,先从车轮上取下传感器而不取出卡具,因为车辆处于最低位置时卡具可能被挡泥板挡住,不便取出,而且拆卸时也有可能需要转动车轮,所以一般不在此时拆卸卡具。

❷ 取出转向盘锁、制动锁和传感器卡具,并插入转角盘和后滑板的锁销

(1)操作内容:升起举升机小剪,让车辆悬空,同时转角盘和后滑板处于自由松动状态,

便于安装固定锁销(图4-42)。

标准与结果记录:

□已升起举升机小剪,使车轮悬空

(2)操作内容:插入转角盘和后滑板锁销,将转角盘和后滑板固定在举升机大剪上,利于车辆安全驶离举升机(图4-15、图4-16)。

标准与结果记录:

□左前转角盘固定销插入　　□右前转角盘固定销插入

□左后滑板固定销已插入　　□右后滑板固定销已插入

(3)操作内容:降下举升机小剪,让举升机回到最低位置(图4-14)。

标准与结果记录:

□已降下举升机小剪至最低位置

(4)操作内容:拆除转向盘锁和制动锁,并放至规定位置(图4-11)。

标准与结果记录:

□已拆除转向盘锁　　□已放回至检测电脑柜的规定位置

□已拆除制动锁　　□已放回至检测电脑柜的规定位置

(5)操作内容:拆除四个车轮的卡具,并放至规定位置(图4-11)。

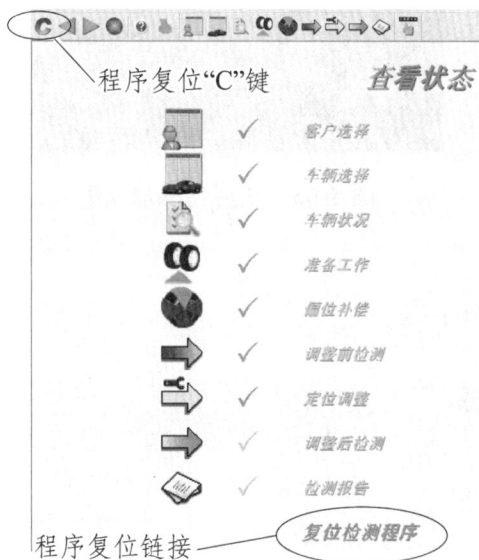

图4-67　定位仪程序复位

标准与结果记录:

□左前轮卡具已拆下

□已放回至检测电脑柜的规定位置

□右前轮卡具已拆下

□已放回至检测电脑柜的规定位置

□左后轮卡具已拆下

□已放回至检测电脑柜的规定位置

□右后轮卡具已拆下

□已放回至检测电脑柜的规定位置

❸ 操作内容:定位仪程序复位(图4-67),关机

标准与结果记录:

□已按 C 键使定位仪程序复位

□检测电脑已关机

❹ 车辆整理

🔍 **操作目的**

车辆整理是指把检测操作时对车辆的操作恢复到原始状态,将防护件从车上取下。

(1)操作内容:锁止转向盘,取出钥匙(图4-68)。

标准与结果记录:

□转向盘已锁止　　□钥匙已取出

（2）操作内容：拆卸车内防护五件套（图 4-69）。

标准与结果记录：

☐ 拆卸换挡杆套　　☐ 拆卸驻车制动杆套

☐ 拆卸转向盘套　　☐ 拆卸地板垫

☐ 拆卸座椅套

（3）操作内容：关闭车门、升车窗玻璃、锁车门（图 4-70）。

标准与结果记录：

☐ 车门已关闭　　☐ 车窗玻璃已升至关闭

☐ 车门已锁

图 4-68　锁止转向盘并取出钥匙

图 4-69　拆卸车内防护五件套

图 4-70　关闭车门、升车窗玻璃、锁车门

5 操作内容：清洁（图 4-71、图 4-72）

图 4-71　清洁车身

图 4-72　清洁地面

标准与结果记录：

☐ 车身已清洁　　☐ 检测电脑及电脑柜已清洁　　☐ 举升机已清洁　　☐ 地面已清洁

至此，四轮定位检测与调整的全部作业完毕。

三、学 习 拓 展

现阶段涡轮增压器不仅应用在柴油机上，还在汽油机上得到普遍应用。涡轮增压器的最大优点是能在不加大发动机排量的情况下较大幅度地提高发动机的功率及转矩。

涡轮增压器（图4-73）实际上是一种空气压缩机，通过压缩空气来增大进气量。它是利用发动机排出的废气惯性冲力来推动涡轮内部的涡轮，涡轮又带动同轴的叶轮，叶轮压送由空气滤清器管道送来的空气，使之增压进入气缸（图4-74）。当发动机转速增快，废气排出速度与涡轮转速也同步增快，叶轮就压缩更多的空气进入气缸，空气的压力和密度增大可以燃烧更多的燃料，相应增加燃料量和调整发动机的转速，就可以增加发动机的输出功率了。

图4-73 涡轮增压器总成

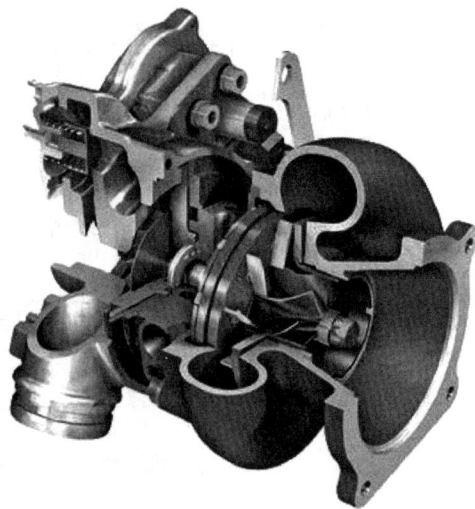

图4-74 涡轮增压器内部图

由于涡轮增压器经常处于高速、高温工作环境，温度高达900~1000℃，在全负荷工作状态下，其转速可达每分钟十几万转。其工作条件十分严苛，因此为了保证增压器的正常工作，使用中应注意以下几个方面的维护措施。

❶ 涡轮增压器的运行维护与润滑维护

由于涡轮增压器是靠机油和冷却液来冷却的，涡轮本体和主转轴之间充满了机油，整个主转轴依靠润滑油来散热与润滑，而劣质机油的黏稠度较高，流动性较差，无法较好地发挥作用，所以涡轮增压发动机的机油选择尤为重要，并且要根据使用环境合理确定机油的更换周期。

冷车起动时，机油润滑不佳，这时增压器如果高速运转，磨损会很大。正确的方法为：先低转速运转2~3min，等机油的润滑性能好了，再让发动机高转速运转，从而使涡轮增压器得到充分润滑；其次，车辆长时间运转后，切勿立即熄火，因为突然熄火，机油润滑会中断，涡轮增压器内部的热量也无法被机油和冷却液带走，容易造成涡轮增压器转轴与轴套之间"咬死"、损坏。此外，发动机突然熄火后，通往涡轮增压器的机油停止流动，由高温造成的热量，会将增压器内部的机油熬成积炭，从而阻塞进油口，导致轴套缺油。因此，发动机熄火前应低转速运转3～5min,以使涡轮增压器转速、温度下降。

更换新的涡轮增压器时,要向增压器中注入一定量机油,以防在发动机起动瞬间增压器没有润滑而烧损。

不能让涡轮增压发动机原地长时间怠速运转(不超过10min),这样会导致增压器散热不良,使涡轮轴与浮动轴承因过热而产生早期磨损。

❷ 空气滤清器的维护

涡轮增压发动机必须使用质量有保证的空气滤清器,并且要定期更换、维护,保证进气系统密封良好,防止灰尘等杂质进入高速旋转的增压器中,造成转速不稳或轴套和密封件磨损加剧。发动机机油和滤清器必须保持清洁,防止杂质进入,否则由于机油润滑能力下降,涡轮增压器可能过早报废。

❸ 冷却系统的维护

由于涡轮增压器是靠机油和冷却液来冷却的,冷却液的维护也至关重要。对于带涡轮增压器的冷却系统,要做好以下几个方面的维护。

(1)检查冷却液。

冷却液不仅要及时添加,而且要添加相同成分的正规冷却液。劣质冷却液起不到防腐防沸的作用。

(2)检查散热器。

水箱散热器检查重点是看水箱有没有漏水,一旦漏水就会造成冷却液不足,进而导致发动机高温。其次,要看水箱有没有堵塞。肉眼能观测到的是水箱表面有没有严重脏污,如严重脏污则需要及时清理,否则就会导致散热不良,发动机水温过高。

水箱散热器一般和空调冷凝器叠加安装,冷凝器位于水箱前方,因此要注意清理冷凝器,尤其是冷凝器和水箱之间的脏污情况。

(3)检查中冷器。

一般只有安装了增压器的车才有中冷器,其安装在涡轮增压器出气口与进气管间。由于发动机排出的废气温度非常高,通过增压器的热传导会提高进气的温度,此时需要一个冷却装置降低增压后的高温空气温度,降低发动机的热负荷,从而使空气密度增大,增加发动机的充气效率。中冷却器和散热器一样,运用风冷却或水冷却,让空气的热量通过风或水散发出去。

(4)检查冷却风扇。

现在大部分汽车使用电动风扇、皮带风扇和电磁离合器风扇。电动风扇是根据水温传感器感应到散热器的冷却液温度上升到80℃以上,自动接通风扇电机让其转动,如果发动机温度很高或是打开空调但风扇还没转动,则需检查电动风扇控制系统故障。皮带风扇是发动机运转,带动皮带风扇是随时转动的,皮带属于易耗品,一定要定期检查磨损程度,发现问题及时更换。电磁离合器风扇则要注意离合器是否起作用,电磁离合器风扇也是由皮带、皮带轮组成,只是当发动机温度过高或打开空调时,靠电磁部分吸合让风扇转动,不转动则说明电磁离合器控制系统存在故障。风扇的检查主要就是看和听:看是指观察扇叶有没有损坏,听是指听运转的声音。如果感觉车辆噪音比以前的大,有可能就是风扇轴承损坏或风扇动平衡出现问题。

除了上面介绍的发动机冷却系统维护事项外,节温器、冷却水泵、水路管道也是不能忽视的地方。

延伸阅读

世界一级方程式锦标赛的轮胎更换操作

世界一级方程式锦标赛(FIA Formula 1 World Championship,简称F1)是国际汽车运动联合会(FIA)举办的最高等级的年度系列场地赛车比赛。而这项比赛中,更换轮胎的速度也是F1车手及其团队争取胜利的关键因素之一。

赛车每次进站进行轮胎更换操作时,都需要把原车上的4个轮胎拆卸并更换,该过程包括操作前后千斤顶;换轮胎;操作气动扳手拆、锁螺栓;检查发动机气门的气动装置;与赛车手沟通等一系列需要配合的工作。这不仅需要轮胎更换团队团员精诚团结的工作精神和高效协同的工作作风,还依赖于平时坚持不懈的训练。不管是世界一级方程式锦标赛的更换轮胎操作,还是平时的学习里,团队合作都是需要每个人具备的精神。

四、评价与反馈

❶ 自我评价与反馈

(1)能否主动参与工作现场的准备及清洁、整理工作?(　　)

　　A.主动完成　　　　B.被动完成　　　　C.未完成

(2)完成本学习任务后,你是否清楚汽车四轮定位的概念及参数含义?(　　)

　　A.完全清楚　　　　B.基本知道　　　　C.不知道

(3)通过本任务的学习,你是否熟悉四轮定位前对车辆的预检操作?(　　)

　　A.很熟悉　　　　B.基本会做　　　　C.不会做

(4)通过本任务的学习,你是否熟悉四轮定位仪的操作?(　　)

　　A.很熟悉　　　　B.基本会做　　　　C.不会做

(5)你在操作四轮定位对车轮定位进行检测与调整的过程中遇到的困难是什么?怎样解决的?

_____

_____

_____

　　　　　　签名:_____　____年____月____日

❷ 小组评价与反馈

(1)是否完成了本学习任务的学习目标?(　　)

　　A.主动完成且效果好　B.完成但效果不好　C.未完成

(2)是否积极学习,不懂的是否积极向别人请教,是否积极帮助他人学习?(　　)

  A. 积极学习   B. 积极请教

  C. 积极帮助他人   D. 全都不积极

(3)学习过程中是否注重学习质量和操作技能的提高?(　　)

  A. 注重质量;技能有提高   B. 不注重质量;只追求速度

  C. 注重质量;速度提不高   D. 全无

(4)学习过程中是否注重8S素养和负有责任心?(　　)

  A. 注重8S素养;有责任心   B. 不注重8S;有责任心

  C. 注重8S素养;无责任心   D. 全无

        参与评价的同学签名:＿＿＿＿＿＿＿ ＿＿＿年＿＿＿月＿＿＿日

❸ 教师评价

＿＿＿＿＿＿＿＿＿＿＿＿＿＿＿＿＿＿＿＿＿＿＿＿＿＿＿＿＿＿＿＿＿＿＿＿＿

＿＿＿＿＿＿＿＿＿＿＿＿＿＿＿＿＿＿＿＿＿＿＿＿＿＿＿＿＿＿＿＿＿＿＿＿＿

＿＿＿＿＿＿＿＿＿＿＿＿＿＿＿＿＿＿＿＿＿＿＿＿＿＿＿＿＿＿＿＿＿＿＿＿＿

＿＿＿＿＿＿＿＿＿＿＿＿＿＿＿＿＿＿＿＿＿＿＿＿＿＿＿＿＿＿＿＿＿＿＿＿＿

        教师签名:＿＿＿＿＿＿＿ ＿＿＿年＿＿＿月＿＿＿日

五、技能考核标准

序号	项目	操作内容	规定分	评分标准	得分
1	检测前场地、设备的准备和车辆的检查	设备的校准和齐全性的确认	4分	操作平台水平的检查确认,1分 应用器材、设备的检查确认,1分 基础设施的检查与准备,1分 场地、工具的检查,1分	
		检查车辆停放状态	5分	检查车辆停放周正,1分 检查前轮中心基本正对转角盘中心,1分 检查转角盘固定销子处于锁止状态,1分 检查后轮基本停在滑板中部,1分 检查滑板销子处于锁止状态,1分	

续上表

序号	项目	操作内容	规定分	评分标准	得分
1	检测前场地、设备的准备和车辆的检查	记录车辆信息	4分	记录VIN码,1分 记录车型、生产日期,1分 记录标准胎压,1分 记录轮胎型号,1分	
		车辆防护、安全确认、转向盘解锁	5分	安装车内五件套,1分 确认驻车制动与换挡杆P位置,1分 转向盘解锁,1分 降下驾驶侧门窗玻璃,1分 安装二次举升垫块,1分	
		检查车辆外观与承载	4分	检查车身有无严重撞击变形,1分 检查备胎和随车工具是否齐全,1分 检查驾驶室、乘客舱、行李舱是否空载,1分 检查燃油量,1分	
		车轮部位的相关检查	15分	释放驻车制动并将换挡杆置于N挡,1分 操纵举升机,2分 检查四个车轮花纹、损坏情况、沟槽深度、胎压,1分/个 检查四个车轮轮辋有无变形损坏等,1分/个 检查四个车轮动状况,1分/个	
		车辆底盘部位的相关检查	6分	检查转向连接机构,1分 检查转向节,1分 检查稳定杆,1分 检查前下球节,1分 检查前、后桥横梁及下支臂,1分 检查前后减振器,1分	

序号	项目	操作内容	规定分	评分标准	得分
2	四轮定位设备准备与检测操作	检测系统软件的准备	3分	进入系统、填写表格,1分 选择车型数据,1分 填写车辆状况,1分	
		检测设备硬件的准备	9分	举升机操作,2分 驻车制动与换挡杆P位置,1分 安装传感器卡具,1分/个 安装传感器,1分/个 安装传感器电缆,1分/根	
		检测过程操作	10分	举升机操作,2分 驻车制动与换挡杆N位置,1分 四个车轮轮辋补偿,1分/个 安装制动锁,1分 车辆定位检测,1分 安装转向盘锁,1分	
3	定位参数的调整操作	调整操作规程	10分	举升机操作,2分 根据界面数据,调整后轮参数(若可调整),2分 根据界面数据,调整前轮参数(前束),2分 松开转向横拉杆锁紧螺母,1分 调整前轮前束,2分 紧固转向横拉杆锁紧螺母,1分	
		调整后的测量确认	4分	举升机操作,2分 调整后的测量确认各项数据均合格,2分	
		设备、工具复位	14分	举升机操作,2分 传感器电缆清洁、归位,0.5分/根 传感器清洁、归位,0.5分/个 卡具清洁、归位,0.5分/个	

续上表

序号	项目	操作内容	规定分	评分标准	得分
3	定位参数的调整操作	设备、工具复位	14分	转向盘锁清洁、归位,1分 制动锁清洁、归位,1分 转角盘销子、滑板销子复位,1分 定位仪程序复位,1分 车辆整理,2分	
4	安全文明	无安全隐患,无不文明操作	5分	出现一次安全隐患或不文明操作扣1分,扣完为止	
5	8S	工作场地清洁	2分	酌情扣分	
总分			100分	—	

附录
本教材配套数字资源列表

序号	资源名称	资源类型	所在页码
1	检查蓄电池电压	视频	12
2	检查喇叭工作情况	视频	14
3	检查冷却液液位	视频	48
4	检查发动机机油	视频	49
5	测量制动踏板高度	视频	57
6	检查转向盘	视频	58
7	检查安全带	视频	61
8	检查车灯外观	视频	62
9	检查转向连接机构	视频	70
10	检查车轮轴承	视频	75
11	加注发动机机油	视频	83

参 考 文 献

[1] 牛会明.汽车维护技术规范[M].北京:人民交通出版社股份有限公司,2017.

[2] 姚秀驰.汽车发动机电器与控制系统检修[M].2版.北京:人民交通出版社股份有限公司,2021.

[3] 汪胜国.汽车维护实训教材[M].3版.北京:人民交通出版社股份有限公司,2022.

[4] 董光,尹力卉.汽车维护与保养[M].北京:机械工业出版社,2022.

[5] 朱胜平,张生强.汽车使用与维护[M].2版.北京:北京理工大学出版社,2023.